疑惑の作家「門田隆将」と門脇護

柳原滋雄
Yanagihara Shigeo

論創社

〝デマ屋〟としての同一人格——「門田隆将」と門脇護

門田隆将《かどたりゅうしょう》こと門脇護《かどわきまもる》が、エビデンス（根拠）を伴わない情報を鵜呑《うの》みにし、猿回しのサルとなって踊った結果、大がかりな「虚報」を振り撒《ま》いた姿は２０２０年11月のアメリカ大統領選挙が初めてというわけではなかった。

１期４年の任期を務めたトランプ大統領の信任を問う機会となった２０２０年大統領選挙はそれまで型破りな大統領として行動してきた同人をあと４年間続けさせるのか、民主党の大統領に交代させるのかを問う選挙となった。４年間で３万回（米ワシントン・ポスト紙）と指摘された彼の病的な虚言癖に嫌気がさしていた有権者と、そうではないトランプ贔屓《びいき》の有権者とで選挙結果は拮抗《きっこう》する結果となった。それでも最終的に７００万票の差がついた。選挙人の数でも３０６対２３２という明白な結果となって表れた。

当初は同大統領の再選が確実視されていたものの、２０２０年冒頭に始まった新型コロナウイルスの感染拡大で適切な対策を取らず、アメリカ国内で40万人（トランプ退任の１月20日時点。現在は55万人を超える）を超える世界最多の死亡者を出した。その結果、トランプ票はおおいに減ったといわれる。

それまでも多くの虚言を常用してきたトランプ陣営は、自身が敗北した選挙結果についてもありとあらゆる難癖をつけ、公正な選挙と認めない戦術をとるほかなかった。最後は5人が死亡する連邦議会議事堂への不法乱入占拠事件へとつながった。

実は選挙の半年前からすでに負け戦に備え、トランプは自分が負けるとすれば不正が行われた時と主張し、支持者らの〝洗脳〟に努めていた。負け戦が現実のものとなると、投票集計機器（ドミニオン社製など）による票の不正操作疑惑などをでっちあげ、連日のように法律顧問と称するトランプ弁護団が根拠を示せない種類の情報をばらまいた。

トランプ陣営が意図的に発したデマを、日本の一部の保守系文化人らはそのまま垂れ流し、短文投稿サイト「ツイッター」や「フェイスブック」などで拡散させた。日本側でデマ発信の中心的役割を担った一人が、ノンフィクション作家でジャーナリストを称する門田隆将だった。

門田は自分の目や足で直接真偽を確認したわけでもないのに、海の向こうから流される〝角度〟のついた情報を鵜呑みにし、いわゆる「陰謀説」に加担して発信し続けた。日本中のネット民を扇動するとともに、逆にメディア・リテラシーをもつまともな人々から愛想を尽かされる契機となった。門田は〝猿回しのサル〟として見事に踊ってしまったのである。

一方でトランプ陣営は「不正選挙」を言い立てたことにより、選挙後にもかかわらずわずか8週間で2億5000万ドル（日本円でおよそ260億円）を超える異例の多額の献金を集めることに成功。しかもその大部分は不正追及とは別目的で使用することが可能な集金方法となっていた。繰り返すが、門田隆将こと門脇護が、狂言のデマに踊らされたのはこれが初めてではない。過去にも罪のない人物や団体に「殺人犯」のレッテルを貼って多くのデマを垂れ流した経歴をもつ。しかも己の筆に対する責任や悔恨《かいこん》の情はまったくといっていいほど見られない。いまもメディア界で何事もなかったかのように仕事を続ける。

率直にいって門田隆将とはどのような人物か。近年急速に拡大してきた右派論壇の発信の担い手の一人と位置づけられる。現在では事実上の〝極右扇動家〟といってもよい存在だ。

例えば2019年に愛知県で開催された国際芸術祭「あいちトリエンナーレ」の企画展について、同県の大村知事のリコールを求める運動を最も早い段階から呼びかけ、推進を煽《あお》ったのは門田だった。リコールを求める署名活動は2020年10月に活動を終えたが、必要な署名数の半分にしか至らず、しかも署名の「8割が不正にでっち上げられた」事実が後で明らかになり、運動の参加者に多くの不満を残した。

それでいて門田はそうした結果に責任を負うことはない。これまでも「反省しない」「謝罪しない」「自分だけは常に正しい」といった態度を取り続けてきた。どのような失態を犯しても、自分の非を認めることのない特異な人格の持ち主として知られる。

門田隆将は本名を門脇護といい、もとは「週刊新潮」編集部に所属する社員記者だった。将来の編集長候補と目されてきたが、多くの捏造《ねつぞう》記事がたたり、中途退社してノンフィクション作家へ転じた。

独立後は取材執筆してこつこつと作品を発表していたが、10年以上すぎると路線を転換。今ではSNS（ソーシャル・ネットワーキング・サービス）のツイッターや各種講演、仲間内だけの右派ネット番組などで日々真偽ないまぜの情報を発信しながら活動する。

そもそも物書きにとって「デマ記者」や「捏造記者」と呼ばれる事態は最大の恥辱《ちじょく》ともいえる。書き手としての存在価値を否定される評価にほかならないからだ。「盗用作家」も似たようなものといえよう。

門田のように「盗用」と「捏造」の両方の責任を指摘される書き手は珍しい。書くことを生業とする人間がやってはいけない2大双璧とされるものであり、普通ならどちらか一方に加担しただけでも業界から追い出される羽目となるのが通例だ。

だが本書で取り上げる門田隆将はその両方に手を染めながら、日常生活に何ら不便をきたすことなく、今も平然と仕事を続けている。この事実は何を意味するのか――。言えることは、日本のジャーナリズム界は倫理的に〝崩壊の危機〟に瀕しているのではないかという疑念である。

本書で指摘する門田の行状は、「法廷とはそんなに簡単なものではない」と門田自身がかつて認めた日本の裁判所によって認定された客観的なフィルターを通している。司法によって「盗用」と「捏造」の双方を認められたプロの書き手は、わが国のメディア史上においても稀有《けう》な存在と思われる。

門田の特徴は、そうした致命的ともいえる公的な判断を受けながらも非を認めることなく、自らの保身に躍起となって自己正当化を重ねてきた言動に尽きる。必然的に「盗用」や「捏造」の被害者たちに謝罪の言葉を述べたこともなく、その意思もない。自分だけは特別の存在とばかりに、驕《おご》りの姿勢と自身の仕事と生活を守るための自己本位な行動が浮かび上がるだけである。要は自分さえよければいいという姿勢に終始した姿ともいえよう。

いまや〝売れっ子作家〟の一人とみなされる門田が、これまで活動を続けてこられた背景には、不正を許す日本のジャーナリズム界の土壌が横たわる。

例えば教師の世界を例にとってみよう。聖職者とみなされる教師が、教え子である児童・生徒に対するわいせつ行為が発覚し、行政処分を受けても、数年後、再び教育現場に戻ることが可能なシステムが社会問題化している。メディア界でも同じことがいえるのではないか。ペンを持つ人間として過去に「禁じ手」に手を染めた者が、何の反省もなく、再びペンを握ることを許される社会。そこに淘汰作用はまったくといっていいほど働いていない。

週刊誌記者時代から多くの捏造記事で他人を傷つけ、さらに第三者の血と汗の結晶ともいえる作品から記述を盗み取り、裁判所から断罪された過去をもつ作家が、なぜいまも平然と仕事を続けられるのか。本書はその道徳的、倫理的側面にも光を当てる。裏を返せば、そうした事態を繰り返さないためにはどうしたらいいのかとの指針を浮かび上がらせることにもつながると信じる。

本書が流行作家の〝仮面〟を剥《は》ぎ取るだけでなく、未来志向のものとなるには、読者にこの書の真意が理解される必要がある。一人の作家の職歴をテーマにしているが、筆者としては将来を嘱望《しょくぼう》される未来ある書き手たちに、日本人としてこのような生き方をしてはいけないとの「反面教師」の思いで綴《つづ》っている。さらに「盗用」や「捏造」を指摘される書き手を〝金の成る木〟として重用し、自社の金儲けの道具として今も活用する出版社や編集者にも警鐘を鳴らしたい。

最後に本書の構成について説明したい。第1章では門田の独立後に「盗用」騒動が起き、裁判に発展した顛末《てんまつ》とそれに関連する事柄について詳述する。第2章は同人の生い立ち、具体的には学生時代から「週刊新潮」で働いた25年間までを概観する。第3章ではノンフィクション作家として独立以来のこれまでの10数年の軌跡を追う。第4章では門田が放ったアメリカ大統領選挙におけるおびただしいデマについて記録する。第5章では門田ノンフィクションの特徴を考察する。第6章で彼の主張と自らの行動とがことごとく齟齬《そご》をきたしている恥ずべき実態を明らかにする。第7章で同人の〝出世作〟がパクリ疑惑にまみれている実態を指摘する。なお本書では文中における敬称をすべて略させていただいたことをご了解いただきたい。

著　者

疑惑の作家「門田隆将」と門脇護　目次

〝デマ屋〟としての同一人格――「門田隆将」と門脇護

第1章　最高裁から「盗用作家」の烙印《らくいん》押された前歴　1

裁判記録に残された不法行為　航空機事故から25年たって　問題となった取材とは　あくなき自己正当化　始まった民事裁判　法廷での2人の証言　高裁の攻防と最高裁判決
もう一つの『風にそよぐ墓標』事件　あの受賞作もパクリの賜物だった⁉
▼『風にそよぐ墓標』で最高裁が著作権侵害と認めた14カ所　38
▼門田隆将著『風にそよぐ墓標』（集英社）第1章／パクリ疑惑対照表　55

第2章　門田隆将の来歴「週刊新潮」時代の門脇護　61

本多勝一に憧れたリベラル学生　中国で無断撮影した写真を売り込む　「週刊新潮」に配属　3回に及ぶ「殺人犯誤報」　ファクトをねじ曲げたタイトル　札幌地裁に現れた門脇　完全敗訴の執筆記事　2件目の殺人犯誤報　朝木明代が自殺した裏事情　ファクトのない記事　3度目の殺人犯誤報　開き直った陳述書　反省なきメンタリティー
新聞に対抗する気持ち　自己本位に生きる　断たれた編集長への道
▼被害者は語る　白山信之さん　127

第3章　「右派論壇のヒーロー」から「ネトウヨ」への凋落《ちょうらく》　139

独立後も本名で書けない理由　吉田昌郎所長への取材秘話　朝日新聞を叩いて右派論壇のヒーローに　ネトウヨに変質した流行作家　大宅賞を取れないままの作家　森功と対照的な歩み　ツイッター発信を始める　愛知県知事リコール署名を扇動する　金の成る木にしがみつく出版社

第4章　「デマ屋」が放ったアメリカ大統領選挙の無数のデマ　173

アメリカ大統領選で見せたデマ大醜態　投票集計機のデマを延べ500万人に発信　事実に立脚した報道をつづけた産経新聞　扇動ツイートの実例　米連邦議会襲撃事件後も新たなデマを発信　憎悪を植え付けるツイート　ひとを見下す拭いがたい習性

第5章　門田隆将ノンフィクションの虚構　223

イデオロギー・ノンフィクションの限界　日本人による、日本人のための限定作品　島田知事を「沖縄に散った英雄」と美化　コロナ作品でもねじ曲がった結論　現場を歩かずに書き飛ばした作品も

第6章　馬に喰わすほどある〝言行不一致〟語録集　243
「命が一番大事」の軽さ　「不正選挙」批判の偽善　裁判所批判のダブルスタンダード
「謝らない国」「反省しない国」の偽善　言論の自由めぐる偽善　「ドリーマー」と「リアリスト」の恣意的立て分け　「事実が大事」と言いながら都合よくファクトを無視　情報弱者と見下す心情　人権侵害にも二重基準　「韓国のデマ戦法」を積極推進　朝日新聞へ謝罪求める資格なし

第7章　山本七平賞受賞作の「大量パクリ疑惑」対照表（角川文庫・37カ所）　271

あとがき　292
主要参考文献　294

第1章

最高裁から「盗用作家」の烙《らく》印《いん》押された前歴

盗用

1　裁判記録に残された不法行為

東京・霞ヶ関の一角に威容を放つ東京地方裁判所・高等裁判所の巨大な建物。その14階に東京地方裁判所の記録閲覧《えつらん》室はある。

所定の手続きをすれば、過去5年以内に確定した民事訴訟の記録や進行中の裁判記録を閲覧することが可能だ。筆者もこれまで名誉毀損裁判の記録をこの手続きを使って取材名目で閲覧してきた。裁判記録には表面的な新聞報道などだけではつかむことのできない多くの周辺情報が詰め込まれている。

裁判を提起した「訴状」に始まり、原告・被告の主張や応酬のやりとり、証人として出廷した際の証言記録。さらに尋問前に提出する「陳述書」。膨大な証拠の数々。そして裁判所の最終的な認定結果である「判決文」。

門田隆将が2010年に出版したノンフィクション作品『風にそよぐ墓標』著作権訴訟の記録を閲覧しようと思い立ったころ、最高裁での確定日（2015年5月13日）からすでに5年数カ月がすぎていた。

私の経験では、裁判所は膨大な訴訟記録の保管場所を持て余している現状から、確定から5年の期日を過ぎると即座に廃棄処分されるのが通例である。私が閲覧を申請した2020年7月下旬の時点で記録一式が残っているかどうかは、運を天に任せるような気持ちだった。

「記録はあります…」

男性係官が業務用パソコンに目を落としながら口にしたのを耳にし、ほっと胸をなでおろした。この訴訟記録から、取材の足掛かりがつかめるものと確信していたからだ。

『風にそよぐ墓標』著作権訴訟は、門田隆将の職業人としての行動に関する取材を行う上で、欠かすことのできない記録といえるものだった。

2 航空機事故から25年たって

門田隆将（本名・門脇護）は1958年6月高知県生まれ。83年に新潮社入社後、「週刊新潮」編集部に配属。そのまま25年間同編集部で仕事をした。最後は副部長（＝副編集長）の肩書きで、事実上、編集長に次ぐ〝ナンバー2〟として腕を振るった。

入社してまもないころから将来の編集長を見込まれた記者だったといわれる。だが08年に退社後、ノンフィクション作家に転じた。

在社中の後半から通常業務のほかに自ら単行本を出すようになり、独立前にすでに数冊の著作を世に問うていた。退職後は八面六臂《はちめんろっぴ》ともいえる活躍を見せ、年に数冊のノンフィクション作品を連続して刊行している。

本人が「出版界はみな友達」と豪語したように、退職後の活躍は知り合いの編集者たちによって助けられた面が大きかったと思われる。独立当初は、集英社から多くの作品を発表している。

そのうちの一つがその後世間を騒がせることになった『風にそよぐ墓標』だった。

1985年8月12日、群馬県御巣鷹山《おすたかやま》で起きた日航機墜落事故。単一の航空機事故としては過去最大の520人の死者を出した前例のない航空機事故に、社会人になって間もない門脇護（つまり門田）は記者として現地に駆けつけ、取材に取り組んだ。独立後、このテーマで1冊書くことは本人にとって既定路線になっていたようだ。

事故発生から25年。それまでは母親や妻による女性遺族の視点から描いた体験談が多く世に出ていたというが、息子など男性側の視点から描かれた作品はまだほとんどなかったという。85年当時、1人の独身記者にすぎなかった門田も、それから4半世紀すぎると、結婚し、2人の子どもも生まれていた。同人には、「父と息子の日航機事故」として、男性側の視点からこの事件を描いてみたいとの欲求が生まれたようだ。

『風にそよぐ墓標』は、前代未聞の事故から四半世紀すぎた2010年8月12日の奥付で刊行された。最終的に門田の取材の求めに応じた6つの家族が、それぞれの章で描かれた。

ノンフィクションの手法としては「3人称」で描く客観スタイルを採用しており、臨場《りんじょう》感を重視した筆の運びとなっている。この作品をめぐり問題が生じたきっかけは、描写の手法に宿っていたといえる。門田は同じころ雑誌の取材で次のように語っている。

「ノンフィクションは、あくまで取材が基本。僕はできるだけ自分自身の思い入れを排除して、客観描写に徹する手法をとっています。いま、ノンフィクションが読者からソッポを向かれているのは、作者の思い入ればかりが先に立ち、俺が、俺が、という一人称の作品ばかりになっているからだと思います。（中略）主役は『作者』ではありません。そこで取り上げられている『人物』であり、『出来事』なのです」（『Voice』2010年10月号）

描かれた6つの家族の中に、父親を失った、マスコミ勤務の男性がいた。当時大阪のテレビ局に勤務していた人物だが、問題のきっかけはその男性の母親、つまり犠牲者の妻・池田知加恵《ちかえ》が執筆した書籍『雪解けの尾根』にかかわる。門田が池田家を描写した際、母親の許可を得ずに、記述内容をリライトして、自分の文章に埋め込んで作品化したことに始まる。

リライトは内容を変えずに、言い回しなどを調整して別の文章に作り変える手法だ。一歩間違えば「盗作」の疑いをかけられかねない方法ともいえる。そのため本人の同意がある場合か、問題が生じない場面でしか通例は使われない。

このとき問題化した背景として、母親の書籍が、深い悲しみから立ち直る過程で自ら30人近い被害者遺族に直接取材し、亡き夫への鎮魂《ちんこん》の思いで書き上げた唯一無二の手記となっていたことが大きい。突然の事故に遭遇した被害者家族としての深い思いがこめられていたからだ。

母親は、東京地裁に提出した陳述書の中で、「『雪解けの尾根』は、私の宝物です」と書いていた。本人にとっては「ひたすら真実を追い、人に頼らず、自分自身の目と耳と足で、心をこめ、時には涙しながら、心をこめて書いた大切な本」にほかならなかった。

プロのライターである門田隆将は、その母親の本から、法的に「盗用」と認定される行動をとっていた。

訴えの始まりである訴状では、26カ所におよぶ場面が盗用箇所として指摘された。1審判決では17カ所が認定され、最終的に14カ所が「盗用」(=不法行為)として認定された。必然的に50万円程度の損害賠償金とともに、当該書籍の発行停止と流通禁止も命じられた。この判断は1審の東京地裁だけでなく、2審の東京高裁、さらに最高裁に至っても変わらなかった。

3　問題となった取材とは

門田隆将が問題となった取材に動いていたのは２０１０年5月ころである。新潮社から独立後、2年くらいたった時期だ。

▼門田隆将が盗用した池田さんの作品と自著（右）

不動産登記によると、門田は前年8月、東京都内の自宅とは別に西新宿に近い一等地のタワーマンションの上層部に、事務所用として66平方メートルの物件を購入した。その際、数千万円のローンが組まれている。

日中はコンシェルジュが常駐する高級マンションで、それまでに出版した印税の蓄えや退職金などが頭金として使用されたものと推測される。つまり、独立後まもない時期、まだ事務所のローンが多く残っているタイミングでこの盗用問題は起きた。その意味では本人にとっては生活上の死活問題であり、その分言い逃れに必死になったといえるかもしれない。

門田がマスコミ勤務の男性の職場を取材で訪れたのは同年5月21日。朝から夕刻まで取材はぶっ通しで行われ、最後は飲食店に会場を移して続けられた。合計10時間。これが第3章で描かれる池田家のメインとなる取材だった。

日航機墜落事故で亡くなった父親は、東証1部上場の大手繊維会社に入社後、関連会社の役員として勤務した。男性はその一人息子だった。取材では父親の思い出話や事故当時の状況、遺族としての心境などが詳しく語られた。

一方、門田が母親である池田知加恵の住む茨木市（大阪府）のマンションを訪れたのは、それから3日後。知加恵は病気療養から退院してまだまもなく、いったんは取材を断ったというが、息子を通じての依頼であったこと、そのとき息子から門田の根本中将に関する最新著作『この命、義に捧ぐ　台湾を救った陸軍中将根本博の奇跡』の話を聞かされて興味をもったことが取材を引き受けるきっかけとなった。

知加恵の父親も元陸軍幹部の軍人で、門田の著作で描かれた根本中将とも関係の深い人物だったからだ。

知加恵への取材は午後1時30分から6時まで、4時間半にわたって行われた。最初の1時間半は日航機事故とは関係のない雑談話だった。目的の取材は正味3時間ということになる。

門田の説明によると、「父と息子の日航機事故を書きたい」というものだったので、知加恵は自分への取材はメインではないとの認識を抱いた。事実、息子に対する念入りな取材を受け、それを前提に行われた取材だった。

事故から25年近く経過した段階で、記憶が薄れていた面もあって、知加恵は自分の著書2冊を門田に進呈している。

後日裁判になったとき、その行為をもって、門田は知加恵から著作の中の文章を引き写していいとの〝暗黙の許諾を得た〟などと強弁したが、裁判所がそうした自己本位な主張を認めることはなかった。

門田はこれらの取材で得た事実をもとに、締切り（7月10日）までに原稿を仕上げ、8月の発刊に間に合うように作業を進めた。

裁判の主な争点は、知加恵がリライト原稿の掲載を許可したかどうかであった。門田は〝承諾を得た〟と強弁したものの、取材時に門田が録音した音声データの記録には、使用の許諾を認める知加恵の発言は一切記録されていなかった。

4　あくなき自己正当化

訴訟になりそうな雲行きが世に知られたのは出版から1年近くすぎた2011年7月。朝日新聞の7日付夕刊で「日航機事故遺族　作家提訴の構え」「手記と表現酷似」の記事が5段で掲載

日航機事故遺族 作家提訴の構え

「手記と表現酷似」

と之は池田さんの家族を取り上げた部分で「不安と疲労のために、家族たちは"敗残兵"のようにバスから降り立った」という記述は、「雪解けの尾根」の「みなさすがに不安と疲労の色濃く、敗残兵のようにバスから降り立った」と似通っている。池田さんは「敗残兵という表現は、戦争を体験した世代で、かつその場にいた遺族だからこそ発することのできた固有の表現。著書に記した言葉は、苦悩の中で紡ぎ上げたもので、盗用は許されない」と話す。

門田氏は執筆に際し、池田さんから約4時間取材、サイン入りの著書など複数の資料提供も受けた。池田さんは「事実関係を整理する参考にと本を渡したが、表現を使っていいとは一切認めていない」としている。

■酷似した記述の例

雪解けの尾根	風にそよぐ墓標
事故直後の心情	
朝、元気に家を出た人間が、その夕刻に死ぬなんて、私にはどう考えても信じられない。悪夢でも見ているのではないか、そうであってほしいと思った	朝元気に家を出ていった夫が、その夕刻に死ぬなんて、知加恵にはどうしても信じられなかった。これは悪夢に違いない。そう何度も思おうとしていた
体育館での様子	
家族は粛々恐々として呼び出しを待っていた。呼び出しは、死を確認することであった	家族は粛々恐々として呼び出しを待った。呼び出しがあるということは、「死」を確認することを意味するからである
棺にふたをする場面	
「あなたは立派でした」と紙に書き、持っていた財布と共に棺（ひつぎ）に入れた	「あなたは立派でした」知加恵は、そう紙に書いて棺（ひつぎ）に入れた

▼**門田隆将の盗用疑惑を報じる朝日新聞**（2011年7月7日）

されて以降のことだ。

社会面のその記事には、知加恵が著作権侵害で訴えを起こす予定であることが書かれ、門田の次のコメントも掲載されていた。

「本人に長時間取材し、提供されたサイン入りの本を、本人承諾の上で参考文献として巻末に明記し、参考にした。それを後になって著作権侵害とは、ただただ驚きだ。これが問題となるなら、日本のノンフィクションは成り立たない」

つまりこの時点で、門田は訴訟になる可能性を認識していた。

この記事が出たまさにその日から、門田は自身のブログを使って、知加恵本人を糾弾する文章を連日のように掲載する。自分の正当性を主張する内容だったが、日付を列記すると、7月7日、8日、11日、16日の4度にわたる。しかもこの行為は、池田知加恵の実名を挙げて行われた。

被害者とされる側がまだ具体的な法的措置をとっていない段階で、門田はそれを牽制《けんせい》するように威嚇《いかく》と受けとられかねない行動を繰り返していた。

知加恵の立場からすれば、それらはさらなる〃ペンの暴力〃に映ったことだろう。

私がこの本の取材で、知加恵本人と短いやりとりをした際、最初に聞かされた言葉は次のようなものだった。

「もうこれ以上この問題に巻き込まれるのはこりごりです」

「(門田は)粘着質ですから…」

まだ裁判が起きていない段階で、門田本人が自身のブログを使って発信した内容はどのようなものだったか。上記の4回分のブログの一部を以下に引用したい(1回目のみ全文、ゴシック強調は筆者)。

○これでは「ノンフィクション」が成り立たない(2011年7月7日・1回目＝全文)

本日、朝日新聞夕刊に私が日航御巣鷹山事故の遺族である池田知加恵さん(78)に「著作権を侵害された」として訴えを起こされることが掲載された。昨年8月に私が出版した『風

にそよぐ墓標　父と息子の日航機墜落事故』の第3章で取り上げさせてもらった池田家の池田知加恵さんである。

知加恵さんには、昨年5月24日におよそ4時間にわたって取材に答えていただき、その際、知加恵さんの手記本『雪解けの尾根』をわざわざご本人から「門田隆将様　感謝をこめて池田知加恵」とサイン入りで提供を受けた上、事故当時の知加恵さんの行動を細かく取材させてもらった。

事故から25年が経ち、当時の記憶が薄れていた知加恵さんは、「この『雪解けの尾根』を書いた時が記憶の限界だった」と私に伝え、わざわざ事故当時の自分の行動を細かく記載しているこの手記本を提供してくれたのである。そして、取材はそこに書かれている「事実」を確認する形で進んだ。

取材の過程で、知加恵さんは、「それは本にはなんて書いてあったかしら?」「そのことは書いてなかったかしら?」と何度も繰り返していた。私は取材の最後に、「今日の知加恵さんの証言と、この手記本に書かれている事実を正確に記述させてもらうのでご安心ください」と、知加恵さんの事故当時の行動を間違って書くことのないよう誓い、**知加恵さんの承諾を得た**。

私の細かな質問に対して、彼女は手記本以外にも、当時のニュースやワイドショーに自分が取り上げられた際の映像をDVDとして提供してくれた。さらに、のちに日航で遺族として初めて講演した時のDVDも提供してくれた。それらをもとに、私は「事実」を忠実に描写させてもらった。取材1週間後には、知加恵さんから自分のしゃべり過ぎた部分について「3点」の訂正（要望）を記述した手紙が私のもとに届き、私はその要望も踏まえて本を執筆した。

本が刊行されるまで、知加恵さんとは電話でのやりとりも続き、親しくさせていただいた。知加恵さんの父親は、元陸軍中将でもあり、その父親のことを「本にして欲しい」という要望まで彼女は私にしていた。実際に父親が残した手記をわざわざ私のもとに送ってきたほどである。

だが、『風にそよぐ墓標』の刊行後、およそ1年を経て、知加恵さんは私を提訴するという。「自分は著作の利用に同意などしていない」というのである。あれほど納得してもらった上で、当時の彼女の行動を正確に記述するために提供を受けた「参考文献」が、「利用されるとは思わなかった」と言うのである。

私は、絶句した。**あとになってそんなことを言われたら、事実だけを記述するノンフィクション作品は成り立たない。**おそらく、彼女には、拙著の中で気に入らない部分があったのだろうと思う。知加恵さんが私の作品の中のどの部分が気に入らなかったかは大体、想像がつく。

これは提訴されたのちの裁判の過程で詳しく明らかにしていくので、敢えてここでは触れない。だが、拙著は「父と息子の日航機墜落事故」という副題がついているように、あくまで主役は亡くなった父親と、その亡き父の年齢に近づいて来た息子たちである。

知加恵さんの期待されていた取り上げ方とは違っていたかもしれないが、**それにしても訴訟を起こして来るとは、言葉もない。向こうの主張が仮にまかり通れば、ノンフィクション作品そのものが成り立たなくなるので、おそらく最高裁まで徹底して戦うことになるだろう。**

動きがあるごとに当ブログその他でも、この池田知加恵さんとの件について、ご報告していこうと思う。**来年には、私は司法関係の本も刊行する予定なので、自分が見舞われたこの問題についても、ジャーナリストとしてきちんと記述していこうと思う。**ちなみにこの件についての、私のコメントは以下の通りである。

「ご本人に長時間取材し、直接提供を受けたサイン入りの手記本を、承諾の上、参考文献と明記して事実関係の参考にさせてもらいましたが、あとになって著作権侵害とは、ただ驚きです。これが許されないなら、ノンフィクション作品そのものが成り立たなくなります」

1回目のブログに門田の主張内容はほぼ尽きていた。だが、門田の主張のうち「知加恵さんの承諾を得た」との部分は本人の思い込みであり、願望にすぎなかった。その後の裁判でも明確に否定されたからだ。この種の思い込みの強さは門田に一貫して見られるものである。さらに2回目以降のブログ記事でも次の主張がつづいた。

○朝日新聞の記事への興味深い反応（7月8日・2回目＝一部）

私が驚いたのは、この朝日新聞の記事への家族の反応だった。大学生と高校生の二人の息子が、「お父さんが池田家のためにどれだけ一生懸命取材し、感動の物語を書いたかは、僕たちが知っている。あの章は、一番涙が出た。僕たちがお父さんを支えるから、正々堂々と戦っていこう」というのである。

普段は私の仕事にあまり口を出したことがない息子たちがそんなことを言ったのには驚いた。**文筆業というのは、文字通り、文筆だけで生計を立てている。こういう根幹にかかわる批判を受けると、直接、私のジャーナリズム活動に影響が出る。つまり家族の生活権が危機に晒《さら》されるのである。**

○ノンフィクションは「事実」をどう描くのか（7月11日・3回目＝一部）

ご本人から直接提供をいただいた手記をもとに「事実関係」を確認しながら本人に取材を

おこない、参考文献にすることを同意してもらったにもかかわらず、あとになって態度を翻《ひるがえ》され、「著作の利用には同意していなかった」として、ライターが「盗用作家」のレッテルを貼られるとしたら、どうだろうか。

私は今、そういう事態に見舞われている。当事者に取材し、手記の提供を受ける。事実を描写するために提供されたその手記に基づいて当事者に確認取材をおこない、事実を客観的に執筆する。これは、通常のノンフィクション作品におけるアプローチである。

それを1年も経ってから「著作権侵害だ」「盗用だ」と提訴されるとしたら、ノンフィクションは「事実」をどう描写すればいいのだろうか。**ノンフィクションを書くライターは、たった一つの事実に向かって掘り下げていき、取材を深めて、その「事実」を客観描写する。しかし、現にそれが「駄目だ」と主張する人がいるのである。**

○絶望から這《は》い上がる「25年間」の真実の物語（7月16日・4回目＝一部）

ご心配をおかけしている件については、法廷闘争となるだろうから、これから10年戦争の気持ちで対処していこうと思う。私は、これまでも書いて来たように、池田知加恵さんがご高齢の方なので、できるだけ何年にもわたる法廷闘争にはならなければいいが、と思っていた。

しかし、「事実」を正確に記述するためにご提供いただいた手記本をもとに長時間の確認取材をした上、事実を客観描写した作品が著作権侵害となれば、**もはやノンフィクションで「事実」そのものを描けなくなるので、敢えて戦わなければならない**と思う。

ちなみに、私が上記で門田のブログから一部転載している行為は「引き写し」ではなく、著作権法上の「引用」にあたる。出典を明記し、原文のまま引用するなどの必要な要件を満たしているため、著作権法上、〝合法的〟な行為とされているものだ。だが門田の場合は明らかに違った。出典を同じページで明記せずに、自分の文章の中に埋め込んで、さも自分の作品のようにしていた。

逆に言えば、門田が自著において、知加恵の著作『雪解けの尾根』からの引用であることを明示し、括弧《かっこ》書きで使用していれば、こうした紛争は起きる余地すらなかった。

門田は「客観描写に徹する手法」にこだわるあまり、法律の一線を超えてしまったようだ。執筆時点で本人がそのことに気づいていたかどうかはわからないが、少なくとも見落としていたことは間違いない。

門田が行った行為は、池田さんの著作物を自分の都合で勝手に書き変え（＝リライト）、自分の文章の中にこっそりと埋め込む安易な禁じ手ともいえる手法だった。そのことがこの裁判が起きた本質的な原因といえる。

門田は「これではノンフィクションは成り立たない」などと主張する一方で、その後の作品などにおいては、裁判所の指摘する通常の合法的な引用を行う傾向が強くなった。

当時、本人の正当化の論理は、どこまでいっても自己本位なものにすぎなかった。しかも反撃ともいえる第1弾のブログで、「知加恵さんの承諾を得た」と断定的に弁解していた。だがそうした事実は司法においても認められることはなかったのである。

5 始まった民事裁判

池田知加恵が門田隆将こと門脇護と出版元の集英社を相手どり、著作権侵害差止等請求事件を東京地裁に起こしたのは2011年10月。大阪に住んでいた知加恵が東京地裁で裁判を起こしたのは、代理人が東京の代理人であったからと思われる。

代理人の主任は梓澤《あずさわ》和幸。人権派弁護士として知られ、著作権がらみの訴訟にも詳しかった。その梓澤の事務所がこの事件を一手に引き受けている。

訴状は1週間後、裁判所から門田事務所に送達され、門田の妻が受け取りサインを行っていた。

門田側が代理人に選んだのは、かつての職場時代のなじみのある新潮社の顧問弁護士だった。

「週刊新潮」の名誉毀損裁判の多くを一手に引き受けていた岡田宰《おさむ》弁護士の事務所である。
原告の池田知加恵は、訴状ではおよそ686万円の損害賠償の支払いとともに、著作権侵害を含む書籍の販売停止および廃棄を求めていた。理由として26カ所にわたる盗用を指摘していた。
盗用といっても、客観的な事実のみを引き写したとしても盗用とはみなされない。著者でしか表せない創作性のある表現、あるいは個性といったものが反映された記述だけが著作権の対象となる。
訴状で指摘された26カ所の記述には、知加恵が「敗残兵」と表現した本人にしか記述できない固有の表現や、「相撲の星取表のような表」といった本人独自の表現も、門田の文章の中にはそのまま写し取られていた。(40・43ページ参照)
さらに知加恵の夫の上司が、故人の好んだスコッチウイスキーを弔《とむら》いとして遺体にかける場面が登場する。知加恵の著作では、ウイスキーの液体はドライアイスにふれて「すさまじい勢いで白煙があがった」と描写されていたが、これこそ遺族の知加恵にしかできない創作的な表現といえるものだった。門田はそうした知加恵の個性ある表現までも、そのまま自分のものとして引き写していた。(47ページ参照)
当然ながら、いずれも不法行為(=著作権侵害行為)として認定される結果につながった。
民事裁判のハイライトとなる2人への本人尋問は、提訴からおよそ1年後、東京地裁で行われ

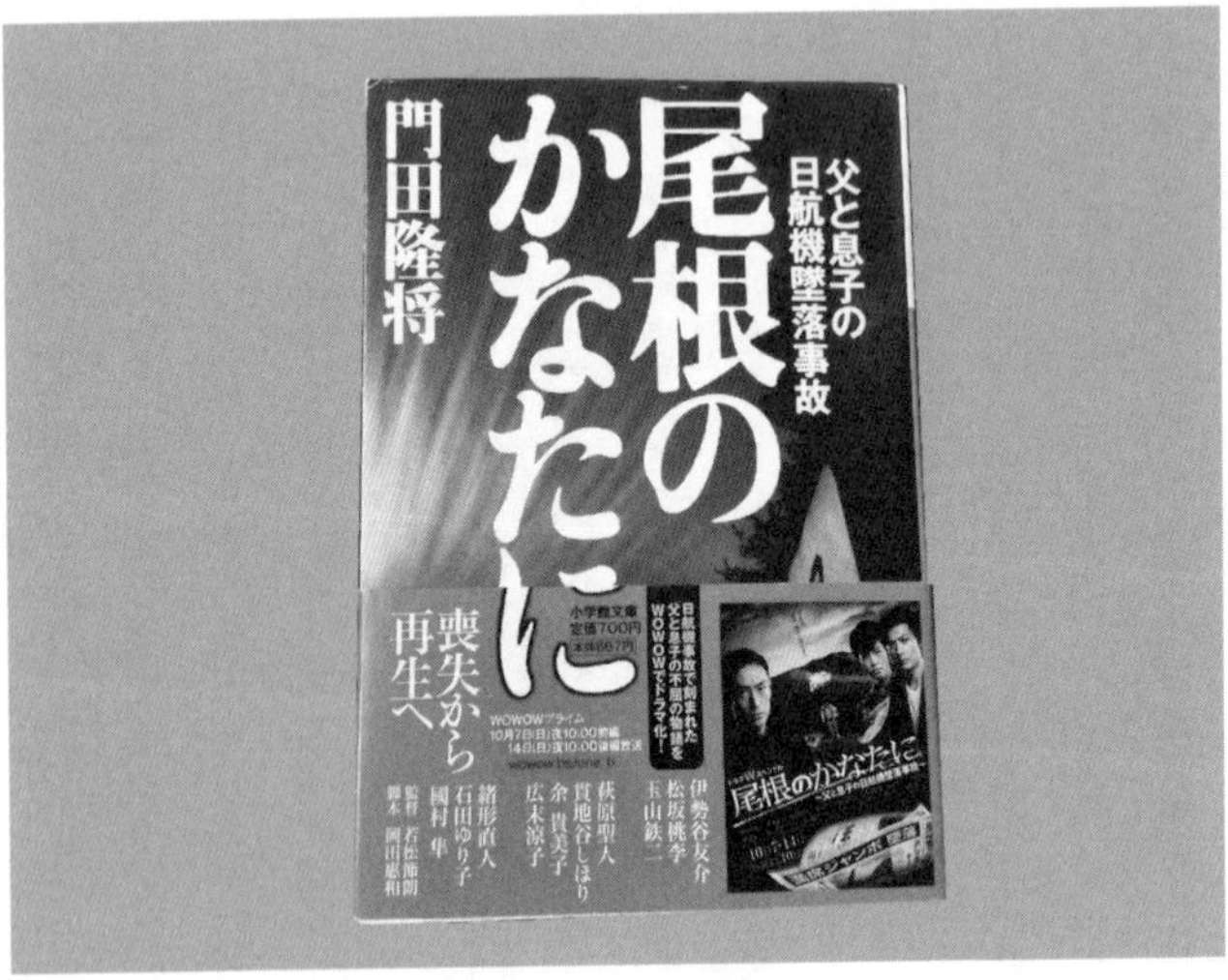

▼文庫『尾根のかなたに』は裁判の途中で刊行された

た。尋問に先立ち、双方から陳述書が提出されている。

　このころ門田は異例ともいえる行動をとっていた。まだ裁判の決着がついていない段階にもかかわらず、同じ書籍の文庫版を、別の出版社（小学館）から出版したからだ。

　しかも文庫本のタイトルは『風にそよぐ墓標』ではなく、『尾根のかなたに』へ変更されていた。さらに池田家について記述した「第3章　マスコミとして、遺族として」の部分は、文庫ではばっさりと削除された。

　この行為は裁判の争点に直接関わる部分であっただけに、事実上、門田が著作権侵害を認めたものと受け取られる可能性もあった。そもそも門田はこの裁判のゆくえについて楽観的な気持ちを抱いていたことがうかがわれる。そのことはある雑誌で「(※池田知加恵による) 訴えは門前払いになるかと思いきや…」(月刊『Ｗｉｌｌ』２０１３年12月号) などと書いていた事実からも明らかだ。

だが門田には、リスクを犯してまでも文庫版を出す理由があったのだろう。当時、ＷＯＷＯＷというテレビ局でこの作品がドラマ化されることになり、ちょうどそのころ放映されることになったからだ。文庫版はそのための宣伝媒体として活用された。時系列で示すと次のようになる。

【２０１０】
５月21日　門田が池田家長男に取材
５月24日　門田が池田知加恵に取材
７月10日　原稿締切り
８月12日　**『風にそよぐ墓標』(集英社) 発刊**
【２０１１】
７月７日　朝日新聞に盗用疑惑を指摘する記事掲載
同　門田がブログ上で個人名 (池田知加恵) を出して批判
10月11日　**池田知加恵が東京地裁に提訴**
【２０１２】

9月11日　**削除後の文庫版『尾根のかなたに』（小学館文庫）発刊**
10月7日　WOWOWでドラマ「尾根のかなたに」放映（前編）
10月9日　東京地裁で門田・池田の本人尋問
10月14日　WOWOWでドラマ「尾根のかなたに」放映（後編）
【2013】
3月14日　1審判決（門田・集英社側が敗訴）
6月11日　**『新版　裁判官が日本を滅ぼす』（WAC）発刊**
9月30日　2審判決（門田・集英社側が敗訴）
【2015】
5月13日　最高裁が上告棄却（＝確定）

門田は裁判の結果を見極める以前に、自らの営利上の都合を優先した。

本人尋問は皮肉なことに、偶然にもテレビドラマが前編と後編で2度にわたり放映されるわずかなすき間に行われている。

本人尋問に先立って、門田が裁判用に提出したノンブル（頁数）の記載されていない10ページの陳述書（2012年5月29日付）では、ブログと同じ主張が繰り返されていた。

当時すでに単行本14冊、文庫本5冊を執筆・刊行した実績を述べ、ノンフィクション作家として「毅然《きぜん》と生きた日本人」をテーマに執筆していること、訴訟を起こされたことについては「ノンフィクションの世界に生きる人間として承服することができません」と書いていた。さらに次のように結んでいた。

「文筆業というのは、文字通り、文筆だけで生計を立てています。こういう根幹にかかわる批判を受けると、直接、私のジャーナリズム活動に影響が出て、家族の生活権も危機に晒されています。当事者に長時間取材し、直接提供を受けたサイン入りの手記本を、参考文献と明記して事実関係の参考にさせてもらい、事実を描写することが許されないなら、ノンフィクション作品そのものが成り立たなくなります。どうか裁判所におかれましては、すみやかに訴えを棄却されるよう心よりお願い申し上げます」

一方、原告の池田知加恵も10ページの陳述書（同年6月25日付）を提出した。そこには、著書『雪解けの尾根』が自分の「宝物」であること、遺族でなくては経験できなかった航空機事故の悲惨な事実と波紋の大きさを世間に伝え、再発を防ぐ一助となるように心をこめて執筆したことなどを懸命に訴えていた。さらに「本の構成、タイトル、装丁者選び、すべて私の構想でした」と、この本に対する思い入れの深さを強調した。

さらに知加恵の著作が日本航空の社員教育に活用されている実績も説明していた。その上でこう主張した。

「将来、この日航機事故を知ろうとする人に、『門田氏によれば』と私の文章が使われることを、私は最も恐れます。私は、この訴訟を通じて、門田氏が許可なく、そして引用の要件を備えることなく、『風にそよぐ墓標』に『雪解けの尾根』から多量の引用をし、一部はコピーと同様に複製した事実を明確にしていただきたいと思います。私が、無断引用の承諾、複製の承諾を門田氏に与えていないことは、録音テープが証明しています」

最後にこう書いていた。

「私が云《い》うまでもなく、プロのジャーナリストを自認する門田氏は十分自覚されている筈《はず》です。門田氏は、この度《たび》の著作権侵害を認めて猛省していただきたいと思います」

6　法廷での2人の証言

民事裁判のハイライトは、公開の法廷で尋問される直接対決の場面としてあらわれた。証言したのは、被告の門田隆将と原告の池田知加恵の2人。尋問は知加恵が先に行われた。

知加恵は自分の代理人が質問する主尋問で、門田による無断大量引用の行為にショックを受けた心情を述べ、裁判長に次のように訴えた。

「私は本当に普通の人間ですから、こんなときはどうすべきかと随分悩みに悩みました。それで考えましたことは、見逃そうかな、そのままにしておこうかとも思いましたけれども、そのままにしたらそのままで、私は一生無念さを胸にしまい込んでしまうことになります。これが社会的な問題ではないのか、やっぱりこれはきっちりとしたところで御判断を頂きたいという思いがいっぱいでした。で、引用されることで私が一番困りますのは、将来にわたって、日航機事故を研究しようとする方が門田さんの本を読んで、門田氏によればうんぬんということが言われたときには、本当に私は、私の書いたことは無視されるに近いことになって本当に困ると思いました」

ここには知加恵の格別な思いがこめられている。

私自身、本人と電話でやりとりをした際も、本人が自分の作品に強い思い入れを抱いていることはすぐに察知できた。プロのライターではないにしても、自らの文章へのかなりのプライド(自負心)が感じられたからである。

続けて門田本人の尋問へ移った。門田は自身の代理人の質問に対し、20冊目の本が出たことを紹介し、それまでと同様の主張を繰り返した。

「事実は一つなんですけれども、それは集約されていくわけですね。本当の真実に集約されていく、そこをノンフィクションというのは書くのが使命ですので。それを、あたかも自分の著作を引き写したかのようなことをおっしゃっていたので、私、プロのライターとして非常に心外でございます。確かに、彼女には取材しましたけれども、彼女の取材はごく一部分であって、そして、提供されたものもごく一部です」

自分のことをわざわざ「プロのライター」と強調し、知加恵との違いを強調していることがわかる。門田はこう訴えた。

「この第3章だけで多角的に6人もの取材をさせてもらいました。それを、あたかも、この『雪解けの尾根』を引き写した、引き写したって、これ、冗談じゃないという思いが、今、しております」

つづけて知加恵側の弁護士による反対尋問のあと、高野輝久裁判長が補足質問を行う。門田は答えた。

「一つの参考資料としてこれを使わせてもらっておりますので、これは、引き写してもいないし、著作権を侵害しているとも、私、思っておりません」

門田はこのとき、著作権法の基本的な知識がないことを自ら〝自白〟しているようなものだった。裁判長は確認した。

「そういった意味でも、承諾をもらっておけば安全だとか、そういうことは考えないんですか」

「安全だったということですね。今になって、きちんと、まあ、物にでも書いてもらってすればよかったかなということは思っております」

この時点で門田は完全に〝墓穴〟を掘っていた。事前に承諾をとっていなかった旨を自ら認めていたからだ。犯人が自らの犯行を法廷の場で〝自供〟した瞬間に等しい場面だった。この時点で大方の勝負が決まったといってもよい。

1審判決は翌年（2013年）3月、言い渡された。内容は門田側の全面敗訴というべきもので、およそ58万円の損害賠償の支払い命令とともに、死刑宣告ともいえる本の発行停止と廃棄が命じられた。実際の判決文（主文）は次のようなものだった。

主文

1　被告らは、第3章（113頁ないし160頁）を含む別紙書籍目録記載の書籍を複製し、頒布《はんぷ》してはならない。

2　被告らは、第3章（113頁ないし160頁）を含む別紙書籍目録記載の書籍を廃棄せよ。

3　被告らは、原告に対し、連帯して58万1416円及びこれに対する平成23年10月19日から支払済みまで年5分の割合による金員を支払え。

4　原告のその余の請求をいずれも棄却する。

5　訴訟費用は、これを8分し、その1を被告らの連帯負担とし、その余を原告の負担とする。

6　この判決は、第3項に限り、仮に執行することができる。

直接の責任をもたず、そもそも〝寝耳に水〟であったはずの版元の集英社にとっては、気の毒な判決だったといえる。

ちなみに1審判決では、門田が知加恵から利用の許諾を得たかどうかという肝心の争点について、次のように判示している。

「前記認定の事実によれば、原告（※池田知加恵）が被告門田に対し原告書籍等を用いて事実の正確な著述をするよう求めたことは窺《うかが》うことができるものの、さらに進んで、原告が被告門田に対し原告各記述の複製又は翻案《ほんあん》及び譲渡に係る利用の許諾を黙示にしたということはできず、他に被告門田が原告から原告各記述の複製又は翻案及び譲渡に係る利用の許諾を黙示に得たことを認めるに足りる証拠はない」

門田は知加恵から許諾を受けたとはいえないとはっきり認定していた。門田側の完全敗訴だった。賠償金の58万1416円の内訳については、次のように記載していた。

著作権侵害　2万8560円
慰謝料　50万円
弁護士費用　5万2856円

さらに肝心の著作権侵害（複製・翻案）の箇所は17カ所が認定された。

7　高裁の攻防と最高裁判決

1審で完全敗訴した門田は、判決が出されたまさにその日も、自身のブログで自己正当化の論理を振りかざした。「『日本の司法』は大丈夫なのか」と題し、次のように書いた。

「少々不謹慎ではあるが、私はこの『不思議な判決』の第1報を受けて、驚きを通り越して、笑いがこみ上げてきてしまった。それは、今から10年も前に私は新潮社から『裁判官が日本を滅ぼす』というノンフィクションを出しているからである。私は、当時から日本の官僚裁判官の〝常識の欠如〟について、厳しい指摘をおこなってきたジャーナリストなのだ。判決を下した東京地裁民事47部の高野輝久裁判長は、長野高校から東大法学部に進んで裁判官となった司法エリートである。しかし、この人は、おそらく官僚裁判官としては〝優秀〟ではあるが、ジャーナリズムの役割やノンフィクションとは何か、ということを考察する能力が『欠如』した方なのではないか、と思う」（２０１３年3月14日）

さらにこう綴る。

「私は、以前から民事裁判にも裁判員制度を導入すべきだと思っていた。だが、膨大な数の民事裁判にいちいち国民を参加させるわけにはいかない。現実的には不可能だ。しかし、今回の高野判決を見たら、私は『それでも民事裁判に裁判員制度導入を』と思ってしまう。少なくとも『知財裁判所』には、なんとしても『国民の健全な常識』を生かす裁判員制度を導入して欲しいと思う」（同）

「『言論・表現の自由』という民主主義の根幹が官僚裁判官たちによる締めつけで、〝風前の灯〟となっている。（中略）〝暴走〟する知財裁判官と今後、徹底的に闘っていくことが、私の新たなライフワークとなった」（同）

自分の非を認めず、知加恵への実名を挙げての非難をブログ上で行ってきたのと同様、こんどは敗訴判決を出した裁判長の実名や学歴などを明示し、裁判官を糾弾する主張を繰り返した。

ところで、門田が2審においてとった〝新たな作戦〟は、弁護士を増強する行動だった。新たに2人の弁護士が追加されたが、彼らは裁判官出身の弁護士だった。しかも知財部門の裁判官あがりである。

門田は自分のブログでは自分を敗訴させた裁判官を「官僚裁判官」などと非難し、知財裁判所には「国民の健全な常識」を生かすための裁判員制度が必要などと訴えながら、その相手陣営から自分の弁護士を補強していた。自分の都合によって裁判官の評価を変えるご都合主義の行動というほかなかった。

1審で敗訴してから必死になったものと見えるが、弁護士増強の結果、訴訟における主張は1審とはやや異なるものになったようにも感じられる。2審の最初の口頭弁論は2013年6月に行われた。高裁審理でよく見られる現象としてわずか1回で終了し、即日、次回の判決期日が言い渡された。

このとき被控訴人である池田知加恵側は、興味深い準備書面を提出している。門田が『風にそよぐ墓標』を文庫化する際、『尾根のかなたに』とタイトル変更していたが、実際は「風にそよぐ墓標」という原著のタイトル自体、群馬県の地元紙からの〝剽窃《ひょうせつ》〟であった疑いを指摘していたからだ。この主張に門田側がまともに反論した形跡は見当たらない。

東京高裁の2審判決は、同年9月30日に言い渡された。結果は大筋において変わらず、賠償金額がわずかに減額されたにすぎなかった。この日も門田のブログでは、裁判官への攻撃が行われた。「裁判官は『日本』を滅ぼす」というタイトルのブログで次のように綴っている。

「国民の一人として、日本の官僚裁判官のレベルに、ただ溜息が出てくる」
「日本は、官僚裁判官によって、やがて滅ぼされる」

ここでも露呈しているのは、自分こそが正義であるとのあくなき自己弁護の姿だ。さらにすべてを自分以外の第三者に責任転嫁《てんか》する姿勢も顕著だった。これは他の裁判においても見られる門田の特徴的な行動というべきものだろう。「反省しない」「謝罪しない」「自分だけが正しい」。これらは門田隆将の生き方を貫くポリシーにも見える。

ここに来て門田と集英社は最高裁への上告手続きをとった。だがそれもむなしく、2015年5月13日、最高裁判所（第1小法廷）の4人の裁判官は「裁判官全員一致の意見」として門田らの上告を棄却。同時に上告受理申し立てを不受理とする最終決定を下した。ここにおいて3年半にわたる裁判は一切終了する。

ところで、最高裁においても門田側が次のように書面（上告受理申立理由書・2013年12月10日付）で主張していた事実は興味深い。

「原判決は、ノンフィクションに死刑宣告をした判決と言って過言ではない。このような判決がまかりとおるとすれば、日本においてノンフィクションが成立する余地はなくなってしまう」

「原判決は、ノンフィクションという日本の文芸の重要な一分野を『殺す』もの」

門田側は裁判所を、〝殺人犯〟に見立てて攻撃していた。

だが実際は裁判所の判断をみるまでもなく、門田は引用の仕方にその後細心の注意を払うようになった。口では「ノンフィクションが成り立たなくなる」などと叫びながら、裏ではこっそりと裁判所の指南どおりの行動をとるように心がけるようになったのである。

一方、最高裁判決を受けた直後も、門田はブログで裁判官への攻撃を繰り返した。「ふたたび『裁判官は日本を滅ぼす』」というタイトルのブログでこう綴っている。

「私は、『雪解けの尾根』について、『複製』も『翻案《ほんあん》』もしてないし、その『許諾』を求めたこともない。複製とは『コピー』のことであり、翻案とは『つくりかえる』ことである。私は、あくまで取材に基づいてノンフィクション作品を書いただけであり、『複製』も『翻案』もしておらず、このような論理破綻の判決文が現に〝通用〟していることに仰天する」

（5月14日）

あくまで「責任を認めない」態度が際立っていた。さらにこうも書く。

「言うまでもないが、ノンフィクションに対する私の姿勢や手法はこれからも変わらない。どこまでも『真実に忠実な作品』をこれまで同様、書いていきたいと思う」（同）

往生際《おうじょうぎわ》が悪いといえばそれまでだろう。裁判所の審理において「翻案」とみなされたからこそ、敗訴の憂き目を見たことは明白だった。絶対に負けを認めない。決して自らの非を認めない頑な態度が顕著だ。門田は1審判決後、ある雑誌にこう記している。

「細心の注意を払って『事実』だけを描写し、同一の文章はひとつとしてない」（月刊『WiLL』2013年5月号）

司法が認めた著作権侵害の一覧表（38ページ）をご覧いただきたい。見ればわかるとおり、確かに一字一句まで完全に同一の文章だったわけではない。だが文章の中には、ほとんど同じ言葉が随所にまじっており、知加恵が苦心して創作した独自の表現が、そのまま引き写されていた。例えば「敗残兵のようにバスから降り立った」といった箇所や、「相撲の星取表のよう」といった特有の描写の仕方などに象徴的なように、知加恵独自の著作権を侵害していることは明らかだった。

「同一の文章はひとつとしてない」という門田の主張は、むしろ自らの著作権法の知識の欠落を示した言葉ともいえる。

結論からいえば、門田は知加恵の立場を軽く見たとしかいいようがない。内心では、プロのライターではない作者の著作物からは勝手に引き写しても構わないといった甘い気持ちがあったものと推察される。それまで似たようなトラブルが起きていなかった経験則に基づく過信もあっただろう。

一方で知加恵当人にとっては、『雪解けの尾根』は自身の生命と同じほどの情熱で完成させた〝自己の分身〟ともいえる思いをこめた作品にほかならなかった。

問題発生の根底には、人間の思いの深さや誇りの心情に配慮しなかった書き手の独りよがりな軽薄さが横たわっている。実際、裁判後も相手の気持ちを推し量る気遣いといったものはみじんも見られなかった。あえて沈黙したままの知加恵を、ブログ上で実名を挙げながら、自己本位に非難し続けた。

この裁判では、もう一つ、興味深いエピソードが残された。

知加恵の亡夫（＝墜落事故の犠牲者）について、門田が池田家の「書生」あがりと認識していたことだ。実際は、知加恵夫婦は、両者の父方祖父がいとこ同士という〝縁戚関係〟にあった。だがこの裁判において門田がその事実を頑なに認めない態度を取ったため、知加恵側はあえて数種類の戸籍謄本《とうほん》を証拠提出し、2人の親族関係を具体的に立証している。

門田の10数時間におよぶ当事者取材によっては、知加恵とその夫との関係性さえはっきりつかめていなかったことになる。上記の事実は門田の取材のお粗末さを裏づけるために、知加恵側があえて証拠提出したものだった。思い込みの激しい人物は、取材で得た結果についても、都合よく解釈してしまう危険性があることを物語る。

◎『風にそよぐ墓標』で最高裁が著作権侵害と認めた14カ所（本文中のゴシック強調は筆者）

	池田知加恵『雪解けの尾根』（ほおずき書籍）	門田隆将『風にそよぐ墓標』（集英社）
1	【池田知加恵『雪解けの尾根』】17ページ 朝、元気に家を出た人間が、その夕刻に死ぬなんて、私にはどう考えても信じられない。悪夢でも見ているのではないか、そうであってほしいと思った。今まで、夫のいない生活を考えたこともなかった。これから一人になって、どんな楽しみがあるのだろうと思ったら、涙が止めどなく溢れて仕方がなかった。私は、周囲に気づかれないように涙をそっとふいた。	【門田隆将『風にそよぐ墓標』】131ページ 朝元気に家を出ていった夫が、その夕刻に死ぬなんて、知加恵にはどうしても信じられなかった。これは悪夢に違いない。そう何度も思おうとしていた。夫のいない生活など考えたこともない。これから一人になって、自分は何を頼りに生きていけばいいのだろうか。 考えれば考えるほど、止めどもなく涙が溢れてきた。周囲に悟られまいと、知加恵は何度もハンカチで涙を拭った。
	【池田知加恵『雪解けの尾根』】155ページ 大きなカメラを担いで近づいてきた人たち	【門田隆将『風にそよぐ墓標』】131〜132ページ 大きなカメラを担いだテレビクルーが乗客

2

の姿が目に入った。なんて嫌なことをするのだろう、と思いながら見るうちに、カメラに書かれたテレビ局の社名が目に入った。驚いたことに、それは息子の勤務するテレビ局のクルーだったのである。

　私は、あることを考えついてバスを降りた。（略）

「私は、あなた方と同じ局に勤務する者の母親で、父親が日航機に乗って遭難したらしいのです。なんとかあなたの車に乗せてもらえませんか。少しでも早く現場に行きたいのです」

　すると（略）若い男性が、ぴょこんと頭を下げ、

「ぼくは、池田と同期で、お父さんのことを聞いてます」

の顔を撮ろうとバスに近づいて来た。なんていやなことをするんだろう、と思った知加恵の目にカメラにつけられたテレビ局のネームが入った。そこには息子が勤める「読売テレビ」の社名が書かれていた。

　息子の会社だ、と思った知加恵は、ふとあることを思いつき、バスを降りてそのクルーに自分から近づいていった。

「あのう、息子があなたたちの会社に勤めています。池田と言います。少しでも早く現場に行きたいので、あなた方の車に乗せてもらえませんか」

　スタッフに向かって、知加恵はそう声をかけたのだ。その時、後ろから、

「僕は池田の同期です。お父さんのこと、聞いています」

	池田知加恵	門田隆将
	と、いかにも気の毒そうな顔をして言った。	そう声を挙げた若者がいた。
3	**【池田知加恵『雪解けの尾根』】19ページ** みなさすがに不安と疲労の色濃く、**敗残兵**のようにバスから降り立った。	**【門田隆将『風にそよぐ墓標』】134ページ** 不安と疲労のために、家族たちは〝**敗残兵**〟のようにバスから降り立った。
4	**【池田知加恵『雪解けの尾根』】20〜21ページ** 私は若い警官の前に腰かけた。 「ご主人の事故当日の服装、所持品、肉体的特徴についてくわしく話して下さい」 と聞かれたが、背広の色さえ記憶していなかった。若いころから着替えは自分でしなければ気のすまない人だったし、空港までの車中も助手席の夫と顔を合わすことがなく、前日自分で買ったと言っていたネクタイの柄もよく見ていなかった。覚えていたのはニナリッチのカフスボタン、朝磨いてそろえた靴	**【門田隆将『風にそよぐ墓標』】136ページ** 聴取を担当したのは、若い警官だった。 「事故当日の服装、所持品、肉体的特徴を詳しくお話し下さい」 二人は、警官からそう尋ねられた。典正には、ほとんどわからない。しかし、知加恵も、あまり答えられなかった。 知加恵は、いざ聴かれると隆美が着ていった背広の色さえ記憶していなかった。若い頃から着替えなど、準備は自分一人でやってしまう夫だった。十二日の朝、空港へ送る車中

		5
【池田知加恵『雪解けの尾根』】	の色くらいである。身体的特徴については次のように説明した。人並み以上に頭が大きいこと、髪の毛が多く、ヘアトニックをたくさんつける習慣のあること、色白だが、このところゴルフ焼けをしていること、足の水虫のことなど	【池田知加恵『雪解けの尾根』】21~22ページ 館内には日航が用意した新聞がたくさん積まれてあり、どれも第一面に単独機として史上最悪の事故という大きな見出しがのっていた。犠牲者の顔写真の中には、もちろん夫の
【門田隆将『風にそよぐ墓標』】	でも助手席の夫とは横向きの位置関係にあり、前日に自分で買ったと言っていたネクタイの柄もよく見ていなかった。知加恵が覚えていたのは、わずかにニナリッチのカフスボタンとタイピン、あとは、朝、磨いて出した黒靴の型くらいのものだ。 身体的特徴も人並み以上に頭が大きいこと、髪の毛が多くてヘアトニックをたくさんつける習慣があること、色白だが、このところゴルフ焼けをしていること、足の水虫のことなど	【門田隆将『風にそよぐ墓標』】137ページ 館内には日航の用意した新聞がたくさん積まれていた。 （略） 新聞の第一面には、単独機として世界最大

生き生きした顔もあった。そしてテレビには、あの生存者の劇的な救出場面が何回となく写し出されたが、見ようとする人は少なかった。

【池田知加恵『雪解けの尾根』】26~27ページ

その場で着衣のネーム、所持品のカード、免許証などで確認できた遺体は、家族が呼び出されることになったので、家族は戦々恐々として呼び出しを待っていた。呼び出しは、死を確認することであった。私たちは、なるべく呼び出されないようにと生への望みを少しでもつないでおきたかった。

そのうち、館のステージの横に一二三便の乗客の座席が張り出された。私は、この時初

の事故であることが特大の文字と共に報じられていた。犠牲者の顔写真の中には、夫の池田隆美の顔も載っていた。

館内に置かれたテレビでは、生存者の劇的な救出場面が何度となく映し出されたが、誰も見ようとする者はいなかった。

【門田隆将『風にそよぐ墓標』】139~140ページ

その場で着衣のネーム、所持品のカード、免許証などで身元が特定されていった。確認できた遺体に対しては、家族が呼び出される。

家族は戦々恐々として呼び出しを待った。呼び出しがあるというのは、「死」を確認することを意味するからである。遺体搬送が始まったこの日、家族は呼び出しがないこと、すなわち「生」への望みを少しでもつなぎと

7	6
【池田知加恵『雪解けの尾根』】24～25ページ	めて夫が前から五番目の右側、つまりコックピットの下あたりに座っていたことを知り、もはや生きている可能性は絶望に近いと確信した。なぜなら、機体は右に傾きながら前方から山に激突していたからである。**相撲の星取表**のようなこの表は、遺体が確認されるたびに黄色に塗りつぶされていった。それも遺体の損傷の少ない後部座席から始まり、夫のいた前方はいつまでも空白が残っていた。
【門田隆将『風にそよぐ墓標』】140ページ	めようとしていた。 　知加恵と典正のいる藤岡第二小学校体育館のステージ横には乗客の座席表が張り出された。二人はこの時、初めて隆美が前から五番目の右側、つまりコックピットの下あたりに座っていたことを知る。それは、生きている可能性が限りなく「ゼロに近い」ことを物語っていた。機体は右に傾き、前方から山に激突していることが、すでに明らかになっていた。 　この後、この表は**相撲の星取表**のように、遺体が確認されるたびに、黄色に塗りつぶされていった。しかし、塗りつぶされるのは、後部座席から始まって、隆美のいた前方はいつまでも空白が残った。

	8	
午後、作業衣と長靴を着けた山下徳夫運輸大臣と、そして黒服を着用した高木養根日航社長が体育館に見舞いに来られた。申し訳ない、と詫びる言葉が空々しく、別の世界の話に聞こえてならなかった。	【池田知加恵『雪解けの尾根』31〜32ページ】 報道によると、暑さのため腐敗による悪臭がひどく、三〇〇〇人ほどの自衛隊員たちは、防毒マスクを着けての作業だという。愛する者が殺された上、人に嫌われるほど腐敗させられているというすさまじさ。	【池田知加恵『雪解けの尾根』33ページ】 夕方、遺体捜しの息子たちが戻った。ご苦労さまと言ってお弁当を出したが、手をつけ
午後、作業衣と長靴姿の山下徳夫運輸大臣と、黒服の高木養根日航社長が体育館に見舞いに来た。 （略）「申し訳ありません」と、詫びる言葉が空々しく、知加恵にはどこかほかの世界の話のように聞こえた。	【門田隆将『風にそよぐ墓標』141〜142ページ】 酷暑の八月である。遺体は、腐敗による悪臭がひどく、三千人に及ぶ自衛隊員たちが、防毒マスクをつけて作業をおこなっている様子がニュースに繰り返し報じられていた。 愛する者が殺された上、人に嫌われるほど腐敗させられているという事実に、	【門田隆将『風にそよぐ墓標』142〜143ページ】 典正は夕方、知加恵のもとに帰ってきた。知加恵は、大変だったでしょう、といって弁

9	10
ない。幕の内の中のはんぺんと焼いた鶏肉のにおいが遺体のそれとそっくりだと顔をしかめた。息子たちは、その日体験したすさまじい遺体捜しの模様を話し始めた。柩には、ちぎれた手足や内臓の塊まで入っていたこと。この世のものとは思えない陥没した頭に	【池田知加恵『雪解けの尾根』】168~169ページ 気がつくと、藤棚の下に折りたたみ椅子がある。私は、それに腰を下ろした。目の前の暗いしじまに、たった今見てきた夫の痛ましい遺体が浮かんだ。 その時だった。若い男がおそるおそる私に近づいてきた。 「ご家族の方ですか」 突然かけられた言葉に我に返ったものの、
当を出したが、典正は手をつけない。 「幕の内弁当の中の〝はんぺん〟が遺体とそっくりの臭いがする」 そう言ったまま何も食べなかった。 典正はその日、目撃した棺の中に入れられていた手足や内臓、あるいは陥没遺体などのことを知加恵に語って聞かせた。	【門田隆将『風にそよぐ墓標』】151ページ 知加恵は、時間の感覚を失っていた。魂の抜けた人間のように、体育館の外の藤棚の下にあった椅子に腰を下ろした。すると新聞記者だという若い男が近づいてきた。 「ご遺族の方ですか?」 その新聞記者はそう話しかけてきた。 「はい」 知加恵には、誰でもよかった。知加恵は、

	身体の震えが止まらない。しかし、一瞬助かったと思った。 「そばにいてくれませんか」 と言ったかもしれない。（略） とにかくだれでもいいから、しゃべり続けていたかった。（略）彼は、私が手にしていた布地が何であるかを聞いた。夫の着ていた背広の布地だった。大阪の自宅から当日の着衣と同じ布地のズボンを送ってもらい、ハサミで小さく切り分けて持ち、その布地から夫を捜し出そうとしていたのである。	その新聞記者に「怖いからそばにいてください」と頼んでいた。知加恵は、夫の身元確認のために大阪の自宅から取り寄せたズボンの切れ端を固く握りしめていた。 知加恵は、記者の質問に答えた。この自分の思いを誰かに聞いて欲しかったのである。
11	**【池田知加恵『雪解けの尾根』】46ページ** その時十六人、カマの前で最後の別れをした。旅先のことでもあり、柩の中に入れるものもない。	**【門田隆将『風にそよぐ墓標』】154ページ** 自宅からは遥かに遠く、見ず知らずの土地だったため、棺に入れるものはほとんど何もなかった。 （略）棺を十六人全員が囲んだ時

	12	13
	【池田知加恵『雪解けの尾根』】46ページ 「池田君の好きだったスコッチウイスキーを遺体にかけてあげよう」 　との副社長の言葉を合図に私たちは、順番に真っ黒な遺体にウイスキーをかけて別れを惜しんだ。アルコールが腐敗止めのドライアイスにかかった時、**すさまじい勢いで白煙が上がり**、遺体が見えなくなった。 「池田君、長い間、会社のために働いてくれてありがとう」 　と副社長が大きな声を出されて泣かれた時、みな泣いた。	**【池田知加恵『雪解けの尾根』】46ページ**
	【門田隆将『風にそよぐ墓標』】154～155ページ 「池田君の好きだったスコッチウイスキーを（遺体に）かけてあげよう」 （略） 　副社長はそう言うや、オールドパーの口をあけ、下顎のところにかけ始めた。 　その時、**すさまじい勢いで白煙が上がった**。 （略） 「池田君、長い間、会社のために働いてくれてありがとう！」 　その時、副社長の声が白く霞んだ中に響きわたった。 （略） 　その場にいる全員が泣いていた。	**【門田隆将『風にそよぐ墓標』】156ページ**

	14
ふと、私は「柩のふたを覆って決まる人の価値」という言葉を思い出し、少し早い気がしたが、「あなたは立派でした」と紙切れに書き、持っていた赤い財布と共に柩に入れた。これが私のできる精一杯の夫への感謝の気持ちであった。	**【池田知加恵『雪解けの尾根』】** 47ページ 八月十二日、自宅を出た夫は、この日の深夜、骨箱の中に入ってようやく戻ってきたのである。七日と十七時間ぶりであった。
夫は「人間の価値は、棺を蓋《おお》って初めて定まる」とよく言っていた。 （略） 「あなたは立派でした」 知加恵は、そう紙に書いて棺に入れた。知加恵は、夫に対する感謝と誇りを、その短い言葉に籠めたのである。	**【門田隆将『風にそよぐ墓標』】** 157ページ 隆美の骨壺が、大阪・茨木の自宅の門をくぐったのは、八月十九日午後十一時のことである。八月十二日早朝に自宅を出て以来、実に七日と十七時間ぶりの帰宅だった。

8　もう一つの『風にそよぐ墓標』事件

門田が2010年に上梓した『風にそよぐ墓標』についてはもう一つの『風にそよぐ墓標』事件といえるものがある。この事実はあまり広く知られていないもので、本書で初めて公《おおやけ》になる。

『風にそよぐ墓標』では6家族（遺族）が取り上げられ、それぞれが章立てされ、全6章で構成されたことは既述のとおりだ。池田知加恵の池田家はそのうちの第3章で取り扱われていたが、2年後、違う出版社である小学館から『尾根のかなたに』というタイトルで文庫化された際、丸ごと削除された。実はそのとき、もう一つの家族もこっそりと〝削除〟されていた。

第1章、神戸市に住む舘《たて》一家を描いた章である。この章のタイトルは書名と同じ「風にそよぐ墓標」だった。門田にとって、実はこの本に関するトラブルは一つではなかったのである。

文庫化の際、第1章の内容も丸ごと削除された理由は何だったのか。関係者によると、門田はこの本を女性遺族の視点でなく、息子などの男性遺族の視点から描くことに固執した結果、執筆の基準が息子目線となり、母親への配慮が行き届かなかったためという。実際、そうした観点で第1章を読み直してみると、墜落事故で亡くなった父親を悼《いた》む息子の視点を中心に描かれていて、半面、母親については、思いもよらない無神経な表現が羅列されていた。

「哀れな人間の姿」
「母親が取り乱す」
「母は、また取り乱した」
「何やらぶつぶつ呟いている」
「その異常な行為」
「母は父の骨をかじっている」

読めばわかるとおり、本人にとっては人権侵害にもなりかねない言葉だ。客観的に利害関係のない第3者がこれらの文章を目にした場合、不慮の事故で夫を失った妻が通常と異なる精神状態に陥ったと理解したとしても、書かれた当事者はたまったものではないだろう。

まして航空機事故で親族を失った遺族は100%被害者である。同じころ門田はある雑誌の取材に誇らしげな様子で次のように語っていた。

「僕は取材にデータマンを使わず、すべて自分でやっています。最近出した、1985年の

日航機墜落事故の遺族を描いた『風にそよぐ墓標』（集英社）も、そうです」（『Ｖｏｉｃｅ』２０１０年10月号）

さらにこう続ける。

「僕はできるだけ自分自身の思い入れを排除して、客観描写に徹する手法をとっています。（中略）いま、この手法が読者から支持を得ていることを実感しています」（同）

描写にリアリティーをもたせ、作品の価値を高めたい、ノンフィクション作家としての立ち位置を早く固めたい。そんな思惑から発した行動だったと思われるが、同人の手法は書かれた側の遺族の心情と〝衝突〟する結果となった。

事前に本人に発言部分や描写部分だけでも確認してもらっていればこんなトラブルも生じなかったと思われるが、門田のプライドや意気込みがそうした行動を避ける結果となったと思われる。

振り返ると、文庫版『尾根のかなたに』が発刊された２０１２年は、池田知加恵との訴訟はまだ継続中だった。１審判決さえ出ていない段階である。だがテレビドラマ化の話が持ち上がり、

▼門田のさらなるパクリ疑惑がかかる遺族連絡会の証言集『茜雲』

門田は裁判の途中ながらそちらの話を優先した。必然的に裁判の結論が出る前に、文庫本を出版する選択をしたことになる。

文庫本の帯には、テレビドラマ化された際の宣伝文句と、出演俳優の名前がずらりと並んでいた（20ページ参照）。いずれも名の知られた俳優だったが、門田は取材させてもらった遺族の心情より、自分の都合を優先させた。

ちなみにこの文庫版をドラマ化した若松節《せつ》朗《ろう》監督は、その後、門田の代表作ともいえる『死の淵を見た男』の映画化を手がけ、映画『Ｆｕｋｕｓｈｉｍａ50』を撮った監督として知られる。

9　あの受賞作もパクリの賜物《たまもの》だった⁉

『風にそよぐ墓標』は池田知加恵が民事提訴したことで、門田の手法における「盗用」の事実が世に広く知られることになった。だがこの書籍ではほかにも多くのパクリ疑惑が指摘されている。インターネット上のサイト「note」で門田隆将グローバルクラブが２０２１年2月から連載した記事「作家・門田隆将（門脇護）のモラルハザードを問う」では、『風にそよぐ墓標』の第1章、第5章、第6章でもそうした疑惑の箇所が新たに70ブロック以上も指摘されている（池田家は第3章）。

試しに筆者が関連する書籍や雑誌記事で確認してみると、第1章の舘家の記述では、遺族連絡会の証言集『茜雲《あかね》』から確かに多くのパクリの痕跡が見つかった。同クラブの許可を得て、本書でも一部である15ブロックを次ページに掲載する。

このように、門田隆将が日航機墜落事故から25年を期して発表したノンフィクション作品『風にそよぐ墓標』は、実際は〝盗用の墓標〟と名づけるべき作品だったとさえいえる。だが、こうした行為はこの作品に限ったことでもなかった。

門田隆将グローバルクラブの調べによると、ＰＨＰ研究所が主催する山本七平賞の第19回受賞作となった『この命、義に捧ぐ　台湾を救った陸軍中将根本博の奇跡』（集英社・２０１０年刊、現在は角川文庫）でも、１２０近い大量のパクリ疑惑が判明しているからだ。この本は、門田が右派の書き手としての出世作となった作品であり、同人のプロフィールに必ずといっていいほどその事実が付記される作品だ。この対照表は第7章に一部を掲載する。

さらに、門田が最初に執筆した歴史ノンフィクション『康子十九歳　戦渦の日記』（文藝春秋、２００９年刊）でも30ブロックにおよぶ多くのパクリ疑惑が指摘されている。これは大宅壮一ノンフィクション賞にノミネートされた作品だ。

いずれにせよ、ノンフィクション作家・門田隆将の作品が、今も新たに判明している分だけでも２００を優に超える無数の「パクリ疑惑」に晒《さら》されている事実は疑いようがない。要するに、彼の作品はパクリだらけなのだ。

◎門田隆将著『風にそよぐ墓標』（集英社）第1章／パクリ疑惑対照表

	遺族手記『茜雲 総集編』（本の泉社）	門田隆将『風にそよぐ墓標』（集英社）
1	**【舘寛敬《たてひろゆき》「あのとき一五歳の少年は三五歳に」（※発表時は匿名）】57ページ** そして自分はまた当時の自分に戻るのです。一五歳の自分に。	**【門田隆将『風にそよぐ墓標』】64ページ** 寛敬はこの時、やっと「十五歳の少年」に戻ったのだ。
2	**【舘寛敬「あのとき一五歳の少年は三五歳に」（※発表時は匿名）】57ページ** 妹の運動会の父親参加種目に代わりに参加した日。その時です、自分は妹にとっては兄貴の顔だけでなく父親の顔も持たねばならない。母親にとっても息子の顔だけでなく、相談相手としての顔も持たねばならない。	**【門田隆将『風にそよぐ墓標』】67ページ** 妹の父親役は、兄である寛敬が担った。運動会の父親参加の競技には、必ず寛敬が出た。体力抜群のこの〝若い〟父親は、いつもダントツでテープを切った。 「親父がいたら、してくれること」は、すべて自分がしなければいけないという使命感が寛敬にはあった。精神的な面で、母をサポートするのも寛敬の大きな役目となった。

	舘寛敬	門田隆将
3	【舘寛敬「あのとき一五歳の少年は三五歳に」（※発表時は匿名）】58ページ 私は何を思ったか親父に言ったのです。「死ぬなよ」と。そして親父はいつもと同じに背中越しに片手を挙げて芦屋の駅にむかいました。	【門田隆将『風にそよぐ墓標』】30～31ページ 「親父、死ぬなよ」 ふっと出た言葉だった。親父、死ぬなよ――その思いがけない言葉は、父の背中に投げかけられた。 不吉な言葉だった。 しかし、父は振り返らない。ただ、背中越しのまま、左手を挙げた。グレーの背広を着た父は、うしろ向きのまま寛敬のその声に〝応えた〟のである。
4	【舘寛敬「おやじへ」】170～171ページ 「早くこの水を飲ませてやらないと、こんなに暑いのだから……。何とかして行かせて下さい」とたのみこむ母に、	【門田隆将『風にそよぐ墓標』】46ページ 母は、（夫に）水を飲ませてあげないといけない、なんとか水を……と考えながら、ハンカチに水を浸《ひた》している。
	【舘寛敬「おやじへ」】171ページ	【門田隆将『風にそよぐ墓標』】47ページ 「この水をあの人に飲ませないと……」

5	同じようにお父さんを亡くされたTさんが声をかけて下さった。「登りましょう。行きましょう」。	「あの、まだお身内の方、見つかりませんか？」 不意に声がした。振り向くと二十代後半のメガネをかけた男性が立っていた。 「実は僕の身内もまだなんですが、明日、山へ向かってみたいと思うんですけど、ご一緒にどうですか？」
6	【館寛敬「おやじへ」】171ページ 途中、自衛隊の方たちが応援して下さったのがトッテモ嬉しかった。	【門田隆将『風にそよぐ墓標』53ページ】 「頑張ってくださいね」 という自衛隊員のひと言に、彼らの気持ちが凝縮されていた。その思いが、三人には何より嬉しかった。
7	【館寛敬「おやじへ」】171ページ うぐいすの声におどろかされて、ふと見上げると、まるでそこは天国のようなお花畑。	【門田隆将『風にそよぐ墓標』51ページ】 天国のようなお花畑（※小見出し）
8	【館寛敬「おやじへ」】171ページ	【門田隆将『風にそよぐ墓標』53ページ】

	うぐいすの声におどろかされて、ふと見上げると、まるでそこは天国のようなお花畑。りんどう、山ゆり、コスモス、あざみ、その他名前すら知らない白い花、月見草（略）	ヤマユリやアザミが咲きほこり、天国のような花の絨毯《じゅうたん》がそこには敷かれていた。
9	【舘寛敬「おやじへ」】171ページ 本当にこの山の向こう側は地獄かと――。	【門田隆将『風にそよぐ墓標』】54ページ 「この先に本当に地獄があるんだろうか」 寛敬は信じられない思いで立ち尽くしていた。
10	【舘寛敬「おやじへ」】171ページ ほんの一瞬であれ、おやじはこの天国の上を通ったのだと思うと、ほっとしたやすらぎがよぎった。	【門田隆将『風にそよぐ墓標』】54ページ 「親父は直前にこのきれいな景色が見れたんだ……」 そう思った。死の直前にこの天国のような光景を父は見ることができたんだと、ふと考えたのである。そのことが、なんともいえぬ安堵の気持ちを寛敬にもたらしていた。

【舘寛敬「おやじへ」】171ページ

【門田隆将『風にそよぐ墓標』】55ページ

	11	12	13
館寛敬	僕らは紙の墓標をたてた。靴のひもをほどいて置いた。	【館寛敬「おやじへ」】172ページ 同時におやじに会えると思うとうれしかった。 「一週間まったぞ、おやじ」 抱きつきたいほどうれしかった。	【館寛敬「おやじへ」】172ページ 顔も体も手も足も、みんな包帯の下だった。悲しかった。今だに実感がないのはそのためかもしれないと思う。どんなおやじの姿であっても会いたかった。棺の中で「よう」と明るくいつもの声をかけてくれたような気
門田隆将	彼女はその〝紙の墓標〟に手を合わせたのである。 やがて、寛敬は、土にまみれていた自分の靴から靴ひもを抜き出した。そして、それを紙の前に置いた。	【門田隆将『風にそよぐ墓標』】65ページ 「ついに会えた」 声を上げて泣きながら、父に会えたことが、寛敬は嬉しくて仕方がなかった。	【門田隆将『風にそよぐ墓標』】63ページ 棺の中には、包帯をぐるぐる巻きにされた遺体が横たわっていた。白い包帯で、肌は一切見えない。顔も何重にも包帯が巻かれ、目さえ出ていなかった。 「これが……親父？」

	舘寛敬「おやじへ」	門田隆将『風にそよぐ墓標』
	がして、それまで全然泣かなかったのにこの時は声を上げて泣いた。「こんなの、おやじではない」と思った。	二人には、それが「パパであること」が信じられなかった。
14	【舘寛敬「おやじへ」】173ページ サーちゃんが生まれる前の一週間、二人でシチューを毎晩食べたこと。あのシチューはうまかった。	【門田隆将『風にそよぐ墓標』】64ページ 妹のサーちゃんが生まれる時、二人だけが家に残され、毎日、同じシチューを食べ続けた。
15	【舘寛敬「おやじへ」】173ページ そして僕の高校入試。合格したのに連絡しなかったら、「なんで連絡しなかった」と笑いながら言ってくれたこと。バレー部に入部した時、さんざんからかったね。	【門田隆将『風にそよぐ墓標』】65ページ 高校に合格した時、合格の連絡をしなかったら、半分怒りながら、父の顔は笑っていた。その高校で、身長が百七十センチ足らずなのにバレーボール部に入ったら、「おい、その身長でバレーができんのか」と、笑いながら父はからかってきた

第2章

門田隆将の来歴「週刊新潮」時代の門脇護

捏造

1　本多勝一に憧《あこが》れたリベラル学生

門田隆将こと門脇護は、1958（昭和33）年6月、高知県で生まれた。昭和1けた生まれの父親は林野庁に勤務し、その次男として育った。県内を転々としたが、高校は同県の進学校とされる私立土佐高校を卒業。浪人して入学したのは、中央大学法学部（政治学科）だった。

当時の土佐高校は東大や京大に各10人程度、私立も早稲田や慶応にそれぞれ30人ずつ合格させていたので、門脇が浪人して中大に入学したことは、成績がずばぬけていたわけではない。この年、土佐高から中央大に20人ほどが合格している。

門脇は79年4月、学生生活をスタートさせた。キャンパスが都心の駿河台から八王子に移った翌年のことである。当時、中大生だった拉致被害者の蓮池薫《はすいけかおる》が突然姿をくらましたのは門脇が入学する前年のことだ。

門脇は、早い段階からマスコミ志望を固めていた。もともとマスコミ志望者は、早稲田大学などを目指すものだが、受験に失敗した門脇にとって、就職は自身の未来を開くための最後のステップアップの機会と映ったようだ。コンプレックスはその後、努力に転化することで解消された。学生時代のエピソードからは、早い時期から入念に準備していた様子がうかがえる。

▼中央大学時代の門脇護（前列左端）。家永三郎を囲んで

当時、朝日新聞の看板スターだった本多勝《ほんだかつ》一《いち》記者のハードカバー書籍を持ち歩き、政治問題でも活発に議論するタイプの学生だった。キャンパス内で門脇と接した当時の学生の一人が語る。

「変わった奴だとは思っていました。好奇心旺盛で、教科書検定訴訟で有名だった家永三郎教授のゼミ（日本政治史）にもよく顔を出していました。それでいて学生運動に参加するタイプでもなかったんです。彼はマスコミ志望でしたから、客観的なスタンスで物事を見ようとしていました。もともと中大は、私立ながら官志向の強い大学で、いまでも東京都庁などには一定の勢力をもっているくらいです。マスコミ志望者なんてごく少ないんですね。あるとき私が、『お前、マスコミに行きたいのになぜ中央なんかに来たのか』と尋ねると、彼は早稲田に入れなかったと言っていたように記憶しています」

さらに証言はつづく。

「中大ではゼミは複数選択できる制度になっていました。彼は、多田ゼミを正規のゼミにしていました。就職のためにはそのほうがいいとも言っていました。家永ゼミには聴講生として来ていたのでしょう。家永ゼミはリベラルな学生が集まっていましたから、彼が新潮社に内定したと聞いてびっくりしました。『週刊新潮』といえば、当時から左翼叩きに熱心な媒体として知られていましたから『なぜそんなところに入ったんだ』と聞かれていました」

大学では読売新聞の解説委員を務めた多田實《みのる》講師のゼミナールの正式メンバーとなり、マスコミ対策試験用の作文など、指導を受けた。

多田實は1923（大正12）年生まれで戦中、中央大学予科を繰り上げ卒業し、戦争にとられた。硫黄島に配属され、初期の戦闘で九死に一生を得た。戦後、復学して同大法学部を卒業後、読売新聞社に入社。論説委員、政治部長、編集局次長などを歴任した人物だ。門脇は、就職対策として、マスコミ出身の多田ゼミに所属するかたわら、家永ゼミも聴講していた。

同人は83年卒業だが、当時の就職戦線、なかでもマスコミの解禁日は遅く、10月開始のころだった。同級生が次々に内定を決めていく中、「焦りとの戦いだった」と本人は自らの講演の中で振り返っている。そのころ彼は何をしていたのか。

マスコミ受験用の準備、作文練習に余念がなかった。一般にマスコミ受験の作文などでは抽象的な話ではなく、自身の体験を具体的に書けと言われる。その指導を受けて思いついたのが歴史的な舞台となる場所を訪問し、それを作文にまとめる作業だった。

2 中国で無断撮影した写真を売り込む

大学3年が終わる春休み、彼は大学の制度を利用して中国への短期留学を果たす。北京語言学院で中国語を学ぶかたわら、自由旅行を申請し、外国人が入ってはいけない「未解放区」にも足を延ばした。その一つが、北京から数百キロ離れた「大同」（ダートン）という町だった。そこには「万人坑」（バンジンコウ）があった。

万人坑とは、旧日本軍が中国大陸で行った虐殺の名残で、多くの死体が埋まっている場所を指す。門脇は、この現場に潜入し、写真を撮った。学生時代の友人が証言する。

「あるとき彼が週刊誌に載った『万人抗』の写真を見せてくれたことがあります。彼が言うには、とにかく凄い場所だったと。中国に行って、特別に見せてもらったと興奮して語っていました。マスコミに絶対発表してはいけないとクギを刺されたものをあえてマスコミに流したと言っていた。お前、そんなことしていいのかとたしなめた記憶があります」

写真は創刊されてまもない写真週刊誌『FOCUS』(82年6月4日号)の誌面を飾った。その後しばらく、中央大学の学生は留学時の自由旅行を許されなくなったとのオマケがついたともいう。

「白骨が問いつづける『歴史』——初公開、大同『万人坑』の衝撃」と題する文章は、当時の『FOCUS』に2枚の写真とともに掲載された。彼のジャーナリストとしての〝原点〟を知る上で興味深い内容なので、そのまま引用しよう(ゴシック強調は筆者)。

北京から西へ約400キロ、内蒙古への途上にある大同《タートン》。かつて北魏の都だったというが、「万人坑」までの道は、草も木も生えていない石ころだけの殺伐とした山である。不気味な

history
FOCUS 1982.6.4
白骨が問いつづける「歴史」
初公開 大同「万人坑」の衝撃

▼新潮社入社のきっかけとなったＦＯＣＵＳ記事

雰囲気に耐えながら、しばらく岩山を歩くと、突然、目の前にレンガ塀が現われた。その塀いっぱいに、等身大はありそうな巨大な文字で「階級苦を忘れるな。血と涙と仇を忘れるな」のスローガン。

石の階段を上ると、すぐに坑口がある。年老いた案内人が扉のカギを開けてくれ、灯りをつけると、とたんに、おびただしい白骨の山が目に飛び込んでくる。中には、朽ちた衣服のきれ端を残した遺体もあり、それが、かえって恐怖を誘う。

「万人坑」とは、中国本土で鉱山を経営する日本人によって拷問や重労働で殺された中国人の〝人捨て場〟のことである。時には、生きたまま捨てられたことさえあったという。

そこで虐殺された者の数は、おびただしく

〝万〟の単位にのぼる――というのが、「万人坑」の名のいわれである。「万人坑」があるのは、この大同だけではない。東北地方（旧満州）・遼寧省の撫順にあるものが最も有名である。**本多勝一氏の「中国の旅」によれば**、その中の一つ「虎石溝万人坑」は、「針金で足をしばられた者が何体もあった。酷使によって倒れた者を、まだ生きているうちに捨てた証拠だという。胸の上に大きな石がのせられている者。生きたまま捨てて、大石で殺したあとだ、と説明者がいった。両手で頭をかかえた格好の者。二人一緒にしばられている者・・・（後略）」という状態。細かく見れば見るほど、大同「万人坑」の衝撃も同様であることがわかる。

実は、この大同の「万人坑」は当事国である日本の人間の訪問を禁じている。大同のホテルで「万人坑」行きを交渉したが、当然のごとく拒否。とりあえずタクシーで「万人坑」のふもとへ強引に直行、案内人の「香港の人間か？」という質問に、あえて否定の返事をしなかった。**日本人として初めての訪問取材に成功した**のは、この極めて消極的な〝ウソ〟のためであった。中国の語学学校に留学している者でなければ、おそらく不可能なことだろう。

累々たる死者たちの虚ろなまなざしに圧倒され、外へ出ると、坑入口の横に黒ペンキで文字を消された塀があった。以前は「日本帝国主義打倒」と大書されていたが、日中国交回復後、消されたのだという。また日本人の訪問が禁じられていたのは、大同が〝三中全会〟以前（77年の鄧小平復活以前）の勢力に実権を握られているためともいう。**日本人による侵略の**

遺跡は、いまなお複雑な歴史の中で生きつづけているのである。

PHOTO　門脇　護

この記事が掲載されたのは短期留学から日本に戻って3カ月もたたない時期であり、マスコミの会社訪問が解禁される4カ月前。彼がマスコミ受験に合格するため、その直前まで「対策」に余念がなかったことを示すエピソードといえる。

彼の執筆した文章は、『ＦＯＣＵＳ』以外に『朝日ジャーナル』『週刊朝日』にも掲載されたというが、詳細は確認できない。ただこのときの『ＦＯＣＵＳ』掲載が、彼に新潮社という出版社を就職活動の対象として目を向けさせるきっかけとなったことは間違いない。いわば、彼の人生の方向を決定づける役割をはたしたのが、中国で〝無断撮影〟した「万人坑」の写真入り記事というわけだった。

門脇にとっての就職活動の本番は82年10月1日から始まった。テレビ局数社と、出版社では新潮社を受け、いずれも内定を得たという。

同人は受験対策の間、新聞を読みながら、ネタを見つけては現場に足を運ぶといった作業を大学4年の受験前まで「ずっとやってきた」と語っている。

面接では主に中国ネタを使って乗り切った。作文も同様で、伯母がハルピンにいて日本に帰国する途中で病気で亡くなった話を〝切り札〟にした。新潮社の入社試験でもこの内容を作文で書いた。ところが自信満々だったはずの作文に面接においてクレームがついた。

「門脇君は文章がうまいね」

「ありがとうございます」

「でも字が間違っているよ」

「えっ」

入念に準備したはずの〝切り札〟ともいえる作文で、あってはならない誤字があったという。間違いを指摘したのは「週刊新潮」の2代目編集長をつとめた野平《のひら》健一だった。野平は17年もの編集長時代、「斎藤十一《じゅういち》が企画し、野平が実現する」ともいわれた伝説的な編集者だった。

野平によると、「おば」の字が間違っていたという。自分の親より年上の場合は「伯母」、年下の場合は「叔母」と書くべきところ、門脇は逆に書いていた。そのため、同人は内定した複数のテレビ局の誘いを断り、最終的に新潮社を選んだと振り返っている。

出版社で受験したのは、新潮社だけ。テレビ局では、数社から内定をもらったと学生向けの就職セミナーなどで自慢気に語ったことがある。新聞社を受験したかどうかは定かでない。学生時代の友人の証言はこうだ。

「彼は家永ゼミにも顔を出すくらいでしたから当時はリベラルでしたよ。朝日新聞社を受けるとも言っていました。彼が新潮社に就職してまもなく会ったことがあります。そのときはもう完全に様変わりしたと思いましたね」

朝日新聞の看板スターだった本多勝一に憧れ、記者職を目指した門脇護――。本多のルポルタージュ『中国の旅』の影響を受け、「万人坑」などへの潜入取材をきっかけに新潮社に入社した彼が、その後、朝日新聞叩き・中国叩きの急先鋒に〝変身〟したさまは、皮肉な姿に見える。

3　「週刊新潮」に配属

門脇は卒業後の83年4月、新潮社に就職した。配属されたのは「週刊新潮」編集部だった。新潮社では小説などの文芸を扱う部門と、「週刊新潮」や写真週刊誌「ＦＯＣＵＳ」などの雑誌・報道部門に分かれていた。野平の引きで「週刊新潮」に配属されたと思われる。

出版社系週刊誌としては最も老舗の雑誌である「週刊新潮」は、そのころ〝後発〟の「週刊文春」と激しい販売競争を繰り広げていた。そんな時代に、同人は取材記者としての経験を積み、聞き取った談話をデータ原稿にまとめ、最終執筆者であるデスクに渡す修業の日々を送った。この時期、妻を保険金殺人した疑いを持たれた三浦和義事件や、日航機墜落事故など社会的に影響の大きい事件がいくつも起きた。

ここで「週刊新潮」の取材体制について触れておかなければならない。同誌の編集システムはライバル誌の「週刊文春」とはかなり異なるものだ。

「週刊新潮」では、取材だけを専門に行うデータマン（記者）と、アンカーマン（執筆者）であるデスクに大きく分かれる。執筆を担当するのはこのデスクと呼ばれる熟練者で、一つの企画が編集会議で決まると、その企画の取材班を指揮するのがデスクだ。配下に数人の記者がつけられ、取材で全国に飛び散る記者たちと連携をとりながら、最終的に1、2日で掲載用原稿に仕上げなければならない。

通常、新聞社におけるデスクは、記者が書いてきた原稿に朱筆を入れて、整理部（レイアウト担当者）に渡す赤字入れの担当者を指すが、「週刊新潮」でのデスクは記事執筆者を意味する。

一方、「週刊文春」では週刊新潮でいうところのデスクのような固定的な執筆者が決まっているわけでない。時々に編成される取材チームの一人が代表して執筆者を務めるシステムを採用していた。必然的に若手が執筆者となる局面も生まれる。週刊新潮に比べると固定化しておらず、ゆるやかなシステムといえよう。

「週刊新潮」元記者の証言によれば、新潮編集部の発想は、いかに世の中を驚かすかという考えで編集方針がつくられていた。門脇本人もある雑誌で次のように回想している。

「私たちの頃は抗議デモは『来て頂けた』『話題になっている証拠だ』と喜んだものです。(中略)私がまだ『週刊新潮』の現場記者だった頃、私が書いた記事が原因となって右翼の街宣車が十数台、新潮社に押し寄せ、街宣抗議をかけられたことがありました。一斉にがなり立てるから、ただ『ウォ〜』ととてつもない大音量が響くだけで、何を言っているのか全く分からない(笑)。編集部では『お前の記事でこんなに集まったじゃないか』と皆にからかわれましたが、決して誰からも『お前のせいで街宣車が来ちゃったじゃないか』などと責められることはありませんでした」(『Ｈａｎａｄａ』２０１８年12月号)

「マスコミは批判されてナンボです。批判されるということは、読まれているということですから。私が『週刊新潮』のデスクだった頃は、発売後に抗議電話がなにもないと『今週号は面白くなかったのかな』と不安に思ったほどでした」(『日本を覆うドリーマーたちの「自己陶酔」』２０１８年)

門脇はデータマンとして7年間の取材記者の経験を経たあと、90年4月、記事を執筆するデスクに就任する。自著にはこう記している。

「最初の4年半は、データマンと呼ばれる取材記者をやり、その後、2年半はコラムを書き、そのあとの18年間、特集班のデスクを務めた」(『新聞という病』)

「週刊新潮」でいうところの「コラム」は一般的な意味でのコラムではなく、2〜5ページの特集記事ほどは長くない、短かめの記事という意味である。

現在の宮本太一編集長によれば、「デスクを務めることができるのは、記者・編集者として最低でも10年以上のキャリアを有しているようなベテランの記者のみ」(2019年8月20日付・太田光が新潮社を名誉毀損で訴えた裁判における陳述書)というから、7年でデスクに就任したのはスピード昇進だったといえよう。事実、門田本人が中央大学関係の取材に応じた記事でも、「『週刊新潮』史上最年少のデスクとなる」(Chuo Online)と誇らしげに記されている。

既述のとおり、「週刊新潮」におけるデスクは、配下の取材記者(データマン)を指揮し、上がってきたデータ原稿をもとに記事執筆にあたる者をいう。門脇は90年から中途退社する2008年4月までの18年間、同誌において特集記事を書き続けるデスクとして仕事をした。

4　3回に及ぶ「殺人犯誤報」

門脇がデスクになって初期のころに犯した大失敗が、94年に起きた白山信之への人権侵害事件である。交通事故の被害者をあべこべに加害者にでっち上げ、まるで殺人犯であるかのように決めつけて書き飛ばしたいわくつきの事件だった。

門脇が執筆したこの記事は「大石寺《たいせきじ》『僧侶』を衝突死させた創価学会幹部」というタイトルで掲載され、全国紙に広告が大きく掲載された。

タイトルだけみれば、創価学会員である白山が大石寺僧侶を殺したように読めたが、実態は正反対だった。事故にかこつけ、創価学会の悪印象を植え付けることを目論んだ記事にほかならなかった。

この記事は当時の自民党国会議員が週刊誌を振りかざして国会質問するなど、政治的にも悪用された。当時の自民党は下野しており、教団はその政争に巻き込まれる形となったからだ。教団側も機関紙などでこの新潮記事を批判的に取り上げ、門脇は一躍有名人となった。

結論としてこの事件は白山夫妻が新潮社を民事提訴することで裁判に発展し、門脇が担当者となった新潮社は完全敗訴する。門脇としては、裁判で「敗北」する屈辱を受けた最初の機会となったようだ。以降、彼が教団を敵視してさらなる誤報を書きつづけるきっかけとなったのは、この事件に対する逆恨みの感情があったからと見られる。

白山名誉毀損事件は、事故で死亡したのがたまたま日蓮正宗寺院の住職であったために引き起こされた。当時、日蓮正宗と創価学会は世間的には抗争を行っているように見られており、門脇の書いた記事は、そうした構図をそのまま事故に当てはめたものにほかならなかった。

白山は門脇の書いた記事によって殺人犯扱いされたが、実際は、亡くなった被害者とは何の面識もなく、事故そのものも相手が一方的にぶつかってきたもので、白山の過失責任はゼロという事案だった。

「週刊新潮」が訴えられた名誉毀損事件の裁判記録をこれまで120件以上閲覧してきた筆者にとって、この事件は、裁判上、門脇護を最初に認知できる事件といえる。とはいえ、証人としての法廷での慣れた態度からは、それ以前にも出廷した可能性は十分に考えられる。

事故が起きたのは94年7月、場所は北海道大滝村。当時、冷蔵庫の修理・取付け業務に従事していた白山信之（当時47）は、その日も回収した1台の中古冷蔵庫を大型トラックの荷台に載せ、自宅のある苫小牧《とまこまい》方向へ走らせていた。白山が「シラヤマ冷機」の商号で独立を果たしたのは30代に入ってまもなく。以来、10年余りを夢中で働いた。

その日は、室蘭《むろらん》市内のドライブインで昼食をすませ、洞爺湖《とうやこ》温泉の飲食店で新しい冷蔵庫の設置作業にとりかかった。試運転などで余計な時間がかかってしまい、作業終了は予定よりずれ込んだ。荷物を積んで走る際は60キロ以内の速度で走るように心がけていたため、帰りは高速道路は使わず、大滝村の市街地を通って国道276号線の一般道に入るルートを選んだ。

「現場は40キロ制限の場所でした。私の運転するトラックも40キロ出ていなかったと思います」

白山が突然事故に巻き込まれたのは、洞爺湖温泉を出発して1時間ほどすぎた午後6時すぎ。夏なので運転手側の窓を開放して走っていたところ、大きな右カーブに差しかかったとき突然、「キーッ」という金属のすれるような音が耳に入った。摩擦音はすごい勢いで迫ってきた。相手車両の前輪が左端の縁石に接触して出ていた音だったが、対向車線から1台の自家用車が視野に入ったと思った瞬間、センターラインを乗り越えて白山のトラックめがけて一直線に突き進んだ。

〈危ないっ、ぶつかる！〉

ドーンという衝撃音を最後に、どのくらい時間が過ぎただろうか。意識が戻ったときには両手は朦朧《もうろう》としたままハンドルを握っている状態だった。

〈生きてる〉

両足を動かすと、そろそろと反応した。生命に別状がないことを確認すると、次に心配になったのは相手のことだった。トラックの外に出て確認しようとしたが、運転席側のドアは変形し、びくとも動かなかった。やむなく開いていた窓から這い出る格好となった。

▼在社中３回も無実の人物・団体を「殺人犯」扱いした

外に出て見渡すと、相手車両の助手席側がトラックの正面に突き刺さっていた。先方がセンターラインをとび超え、助手席側を前にして白山のトラックに突き進んだ痕跡が明らかだった。

〈シートベルトをしていなければオレは死んでいた……〉

冷静になると冷や汗が出てきた。衝突箇所が少しでもずれていたら、命を落としていたかもしれない。運がよくとも、重傷を負っていただろう。

車両の中でもがいている様子の相手に、「大丈夫ですか」と声をかけると、返事は戻ってこなかった。ただ頭を動かして懸命に反応しているのはわかった。

警察に連絡しようと携帯電話を握ったもの

の、画面は〝電波の届かない〟状態を表示している。集まってきた通行人らに警察への通報を依頼した。30分ほど過ぎてからパトカーが到着。突き刺さった形の車両を引き離し、4人がかりで運転席から運転者を引きずり出して救急車に乗せた。

現場に残された白山は警察の現場検証にも立ち会った。このとき警官の一人が「相手は室蘭の坊さん」と教えてくれた。

翌朝、北海道新聞の記事を見た実姉の電話で起こされた。事故の相手は室蘭市の住職で、すでに死亡したことが報じられていた。

後日、住職側の保険会社が現場調査して作成した報告書によれば、事故原因は、住職の「スピードの出しすぎによるハンドル操作の誤りによるもの」で、過失責任は「100対0」、つまり白山の過失は「ゼロ」だった。

事故車とすれ違った第三者の証言によると、現場は追い越し禁止の場所ではなかったものの、住職の車はすごいスピードで何台も追い越しを行っていたという。スピードの出しすぎが生んだ悲劇だった。

5　ファクトをねじ曲げたタイトル

苫小牧市にある白山の自宅を、東京から〝不意の訪問者〟が襲ったのは、事故から1カ月ほどすぎた8月の暑い日のことだった。午前10時すぎ、開け放しにしていた玄関ドアの前に2人の若い男が立った。

「週刊新潮です」

記者たちはろくな挨拶もないまま、いきなり用件に入った。応対したのは妻の栄子である。

「ぶつけたんじゃなくて、うちはぶつけられたんですよ」

「詳しいことは私はわかりませんので、警察に聞いてください」

栄子が反射的に答えると、横柄な感じのする記者が口にした。

「ご主人はどこに行ってるんですか。すぐに連絡をとってください。そうしないとたいへんなことになりますよ」

脅すような口調だった。

「（住職の）スケジュールを調べて跡をつけておいて、わざとぶつけたんじゃないですか。車も知っていたんじゃないですか」

「そんなこと、だれが命をかけてやりますか。下手したら、うちの主人も死んでいたかもしれないんですよ」

時間をおいて記者から電話があり、今度は白山の創価学会員としての役職を執拗《しつよう》に尋ねられた。

「週刊新潮」がとったこのときの行動には重大な意図が隠されていた。事故の当事者である白山への直接取材もないままに同日夕刻、同誌は新聞広告や車内吊りに出す広告の見出しを決定していたからだ。

「大石寺『僧侶』を衝突死させた創価学会幹部」

白山は教団組織においては50数世帯の会員をたばねる「地区」の責任者だった。だがそれをことさら「大幹部」であるかのように強調する意図で、見出しに刷り込んだことが明白だった。

ちなみに、「週刊新潮」の発行日は木曜日、編集は火曜日にすべての作業が終了する。

問題となった94年9月1日号は、首都圏では8月25日の木曜日に発売された。北海道では2日遅れの27日に、地元のブロック紙などに広告を掲載、発売された。門脇が書いた記事は、偶然発生した交通事故を利用し、意図的に〝架空の宗教戦争〟をデッチ上げるものだった。白山信之が送った抗議文に、門脇が返答した「回答書」が残っている。

「本誌9月1日号特集記事の『大石寺「僧侶」を衝突死させた創価学会幹部』につき、白山信之氏が精神的苦痛を被ったため、慰謝料1000万円を支払い、謝罪広告を掲載するようにとのことでございますが、その要求に応じることはできません。理由は以下の通りです。まず、当該のタイトルが、白山氏が大石寺の僧侶を『故意または過失によって、衝突死させた』との誤信を読者に与えるとのことですが、これは当方には言いがかりと判断せざるを得ません。この場で、日本語について論議するつもりはございませんが、『事故で死んだ』当人が『事故死した』なら、相手方から見れば『事故で死なせた』となることは小学生にでも分かる理屈ではないでしょうか」

門脇は白山の抗議に対し、〝言いがかり〟という言葉を使って開き直っていた。白山が怒りを覚えたのは容易に想像できる。10月5日、白山は夫婦で1100万円の損害賠償と謝罪広告掲載を求めて提訴した。

6　札幌地裁に現れた門脇

小雨のぱらつく肌寒い日。記事掲載から2年がすぎた96年10月。原告の白山夫妻と被告新潮社の証人尋問が行われた。新潮社側で出廷したのはデスクの門脇護と現地取材したうちの一人、庄司一郎記者だった。
庄司は、保険会社が住職側の一方的過失として本件を処理していることについて、デスクの「門脇に報告しました」と認めた。つまり、白山の過失がゼロであることを認識したうえで門脇は記事を書いていた。尋問の最後に登場したのが、肩までかかるかと思われる長い髪にメガネをかけた小太りの男。主尋問において門脇はこう述べた。

「僕は創価新報をはじめとして創価学会の関連メディアで激しい攻撃をずっと受けたんですけれども、この衝突死させたという言葉が殺人者に仕立てあげられているじゃないかということで、2年間にわたりまして激しい攻撃に今でもさらされておりますけれども、僕はこれは全く違うと思っています。僕は回答書にも書いたんですけれども、ここで衝突死という事故死した人というのは、事故で死んだ、相手から見たら事故で死なせたという、それをイコール殺人者というふうには僕は取らないと思うんですよね」

どこまでいっても屁理屈にしか聞こえない。門脇は教団の広報室や白山への「回答書」に関してこう証言した。

「まず記事の直後に創価学会の西口浩広報室長名で激しい抗議文がきております。週刊新潮はブラックジャーナリズムであると、謝罪せよという激しい抗議文がきました。それに基づきまして私は回答いたしました」

門脇からの教団広報室への回答書には、ここでも〝笑止千万な言いがかり〟との言葉を使って次のように書かれていた。

「この場で、日本語について論議するつもりはございませんが、『事故で死んだ』当人が『事故死した』なら、相手方から見れば『事故で死なせた』となることは小学生にでも分かる理屈ではないでしょうか。『衝突死した』当人と、『衝突死させた』相手方を端的に表現した当該のタイトルに対して、何故それほどこだわるのか到底、理解できるものではありません。まして、小誌の記事は『タイトル』『リード』そして『本文』が三位一体で構成されているものです」

門脇は尋問においてこう続けている。

「10日後か2週間後ですけれども、今度は白山さんの代理人から催告状がきました。ほとんど内容は同じです。要するにその中で激しい言葉で私は非難されたわけですけれども、小学生でもわかる理屈というのは、これは言いすぎかどうか僕はわかりませんけれども、相対立した者同士が、片方はブラックジャーナリズムと。私は、週刊新潮は、日本で唯一の本当に真実を書くジャーナリズムであるというのは自負しておりますけれども、そのジャーナリズムをブラックジャーナリズムであるというふうに激しい文言でまず抗議文がきたわけですね。それに対して、小学生でもわかる理屈じゃないかと。これは相対立する人間が書くこととして当然のことじゃないかと思うんですけれども」

このときからすでに顕著に表れていたが、門脇の記者としての特徴は、強烈なまでの〝単純正義〟の自負ともいうべき心情だった。より正確には、偏狭なまでのジャーナリズム意識といい変えてもよい。そこに嘴《くちばし》を入れられると過剰な反応を示した。

驚くことに、この日は交通事故の被害者である白山らの傍聴している目の前で、門脇は白山の起こした裁判を「訴権の濫用」とまで言い切った。

白山側代理人からの反対尋問で、門脇は記事のタイトルが決まった時間は、庄司が白山本人を取材する〝前〟であったことを具体的に証言。次のやりとりがつづいている。

――本件事故に関する保険の処理で、大橋さん（※死亡した僧侶）が掛けていた保険で大橋さん側の保険会社がどうするかということなんですけれども、大橋さんの一方的な過失であるということで保険の処理がされているということを知っていますか。

門脇　知っております。

――それは記事を執筆した段階で知っていましたか。

門脇　それは白山さんの取材内容の中で記者の報告の中からも上がっておりましたので、知っております。

――あなたは盛んに本件記事で白山さんが犯人であるということを決めつけて書いていないと言うんだけれども、本件記事で、大橋さんの一方的な過失であるというふうに処理されているけれども、それには疑問あるということを書いているわけですね。

門脇　いや、疑問があるというのは書いておりません。読んでいただければわかると思います。

――そもそも訴訟として成立するのかどうか理解に苦しむというのが正直な感想でしたと書

いてますね。

門脇　ええ。

――あなたは本当にこう思ってるわけ。

門脇　ええ、思っております。先ほどここで証言したとおりでございます。

――そうすると白山さんの人権というのは、全く侵害されていないと考えているわけ。

門脇　侵害されておりません！

――週刊新潮というのは日本で唯一の真実を書く媒体だとまで言われたからお尋ねするんだけれども、あなたは、白山さんは人権侵害なんかされていないから、この訴訟自体が税金の無駄遣いだとまで言ってるんですよね。

門脇　思っております。それは先ほども申しましたとおり組織的に。

――そういうつもりであなたはペンというものを握っているわけですか。

門脇　それは僕はちょっと心外です。

――あなたは人に向かっては人間としての最低限のモラルを見失った人たちを言うけれども、あなたはペンを握る人間として、人のプライバシーとか名誉とかそういうものを全く度外視した人じゃないんですか。

門脇　冗談じゃないですよ。

――さっきいちばん冒頭に確認したことですけれども、本件記事のタイトルは白山本人からの取材前に決まっていたわけですね。

門脇　奥さんからも話は聞いておりましたから。午前中に奥さんと接触しておりますから、その報告は上がっておりました。

――しかし本人からは聞いてないでしょう。

門脇　ええ、白山栄子さんからは聞いておりましたけれども、白山さんご本人からは聞いておりません。

――取材した記者はあなたから命ぜられて、本件事故についての正確なところを調査してくるように言われたというふうに言いました。

門脇　ええ。

――肝心の事故の当事者からの取材結果が上がらないうちにタイトルが決まってるわけですけれども、一番大事な本人からの取材を経ないでタイトルを決めたことについて、何も問題がないと考えているわけですね。

門脇　ええ、これは主眼が別にありますから。

――このタイトルについてですけれども、あなたは陳述書の中で、読者の読みたいという願望を喚起させる役割があって、実に当を得たタイトルであったと考えるというふうに言ってます。このタイトルは読者の興味を引くに違いないと考えていましたね。

門脇　そうですね、考えていました。

――本件記事の反響は、証人が予想したとおりのものだったんですね。

門脇　そうですね。

7　完全敗訴の執筆記事

門脇はこの日の尋問で、「白山さんの人権はまったく侵害されていない」「訴訟として成立するか疑問」とまで強弁していた。

ペンを握る人間としての資格を問われると、「冗談じゃないですよ」と対抗心がむっくり起き上がる。このときの尋問は、門脇という一人の記者の〝感性〟を初めて公に知らしめた意味で意義あるものだったといえる。

門脇は、この証言に先立ち、事前に提出した陳述書の中でこう述べていた。

「タイトルについては、やはり事故死した当人と、事故で死なせた相手方との関係を明瞭に伝える意味で当該のものになったわけで、これが問題であるとは思っていません。タイトルというのは本文記事と一対になって成立するもので、どちらが欠けても成り立つものではありません」

「字数の限られたタイトルにどこまで要求すべきなのでしょうか。タイトルには、端的に明瞭に、そして限られた字数の中で読者の『読みたい』という願望を喚起させる役割があると思います。当該のタイトルは、編集長（※松田宏）によってつけられていますが、これは本文とともに読むとき、実に当を得たタイトルであったことがわかっていただけると思います。というのも、創価学会は『衝突死させた』＝『殺した』という論理を振りかざしていますが、果してそうでしょうか。もし、『殺した』という意味を伝えたいなら本誌は『殺した』という言葉を直接使っただろうことはいうまでもありません。事故で死んだは、『事故死した』、これを相手から見れば、『事故で死なせた』、すなわち『事故死させた』となる――と、本誌は考えています。これは使役の用法というより、日本人が常識として使う用法です。事故で死なせた、と言った場合、これを果して『殺した』という意味に誰がとるでしょうか。『衝突死した』と『衝突死させた』も同様です。当該のタイトルで創価学会幹部が『殺した』――ととるのは明らかに論理の飛躍であり、被害妄想ではないでしょうか」

白山夫妻に対するいたわりの気持ちなど微塵《みじん》もなかった。「自分だけが正しい」。その傾向はこのころからすでにはっきりと表れていた。

1審判決は96年の暮れの押し詰まった12月20日、札幌地裁で言い渡された。判決は、記事本文に加え、見出しを掲げた広告自体を名誉毀損と認定するもので、「到底公正な論評と言うことはできない」と認定、新潮社側に110万円の損害賠償を命じた。

名誉毀損訴訟の賠償金額がまだ高騰化していなかった時代の110万円は、かなり高いほうである。現在ならもっと高額に上っていた可能性さえある。判決文はこう指摘した。


「門脇は、本件記事の原稿を書く際、右伊達《だて》警察署及び保険会社の見解を知っていたことが認められる。（中略）しかるに、本件記事は、前記認定のとおり、原告が本件事故を意図的に惹起《じゃっき》したのではないかなど、本件事件に関し、原告が犯罪行為等何らかの社会的非難に値する行為をしたのではないかとの疑念を一般読者に抱かせるような表現となっており、これが公表されることになれば、原告の社会的評価を低下させることになり、事実上その後の私生活等に重大な影響を及ぼすと推認されることを考慮すると、到底公正な論評ということはできない」

門脇側の〝完敗〟の判決となった。つづく2審判決は翌年9月、札幌高裁で言い渡される。ここでも一審原告の勝訴となり、１１０万円の賠償が命じられた。新潮社は不服として上告したが、98年3月棄却され、最高裁で確定した。

94年10月の提訴以来、3年半にわたる法廷闘争は、白山夫妻の訴えを勝利させる結果で終わった。

8　2件目の殺人犯誤報

門脇が執筆した記事で無実の団体を「殺人犯」として報じた2度目の事件は、翌95年に続けて起きている。

同年9月1日午後10時ごろ、東京・東村山市の駅前のビルから地元の女性市議が転落し、翌朝死亡する痛ましい事故が発生した。亡くなった女性市議の名は朝木《あさき》明代《あきよ》（享年50）。87年に初当選し、その後2度の選挙でトップ当選を飾る地元の人気市議だった。「草の根」といういっぷう変わった会派に所属し、『東村山市民新聞』というミニコミ紙を発行しながら、〝ムラ議会〟などと既成政党を批判する市民派議員として一部から根強い支持を得ていた。

この女性市議は多くの問題に首を突っ込んでいたが、その一つに創価学会を批判する活動があった。当時多くの週刊誌が一斉に誤報を打った原因は、明代の同僚市議であった矢野穂積《ほづみ》、さらに娘で市議の朝木直子がそろって〝教団謀略説〟を吹聴したことによる。

つまり教団によって襲われたと匂わせたわけだが、証拠は何一つなかった。2人は明代の死を政治利用したといわれても仕方がない。

メディア側は何らの検証もなく、この「謀略説」に飛びついて虚報を放ったにすぎなかった。この事件の背景を理解するには、若干の説明が必要になる。

実はこの年、東村山市議会では全国版に取り上げられるような騒動が持ち上がっていた。同じ年の4月に行われた統一地方選挙で、「草の根」は現職は朝木明代1人だったところに、娘の直子と矢野穂積を新たに擁立《ようりつ》、初めて3人の候補者を立てて強気の戦いに挑んだからだ。

3期目の挑戦となった明代はトップ当選を果たし、娘の朝木直子も20代の若さをアピールして初当選したが、矢野穂積は次点で落選する憂き目に遭った。

矢野は、明代が初当選して以来の〝同志〟ともいえる存在で、『東村山市民新聞』の編集長を務め、明代の活動を〝後方支援〟してきた人物だ。娘・直子の家庭教師をつとめた過去もある。そうした矢野に遠慮してか、直子は当選直後、突如千葉県に引っ越す旨の記者会見を行い、当選資格を〝返上〟した。自動的に次点の矢野が繰り上げ当選することにつながったが、朝木直子のこの行為が〝議席譲渡〟として地元市民から強い批判の対象となった。

この事件は市民有志らによって法廷に場所を移して争われることになり、その後、最高裁判所が議席譲渡を「無効」と判断し、矢野はバッジを失う。

そうした渦中にふってわいたのが、明代の転落死事件だった。

同年3月、オウム真理教による地下鉄サリン事件が発生、宗教団体への風当たりはいやまして強かった。政治的には自社さきがけの自民党主体の連立政権となっていたが、対する最大野党の新進党の中核を支えたのは創価学会を母体とする旧公明党だった。

与党は、オウム真理教への批判にかこつけ、教団攻撃を鮮明にし始めた。事実、この年の暮れ、創価学会の秋谷会長は国会に参考人招致され、宗教法人法改正をめぐり、国民の目に晒された。

女性市議の転落死事件を受けた当時の週刊誌報道を一覧してみよう。

○東村山女性市議「転落死」で一気に噴き出た「創価学会」疑惑（週刊新潮・9月14日号）
○反創価学会女性市議の「怪死」（週刊文春・9月14日号）
○反創価学会の〝闘士〟女性市議が異常な「転落死」（週刊宝石・9月21日号）
○反創価学会〝闘士〟に次々、奇怪事件が（週刊ポスト・9月22日号）
○夫と娘が激白！「明代は創価学会に殺された」（週刊現代・9月23日号）

似たようなタイトルの記事が一斉に週刊誌上に掲載された。教団側はこれらの中でも特に悪質な事案として、「週刊新潮」「週刊現代」の2誌を名誉毀損で提訴した。週刊誌側は、いずれも事実的根拠のない記事として敗訴し、特に講談社発行の「週刊現代」は謝罪広告の掲載まで命じられた。

このとき「週刊新潮」で記事を担当したのが、前年の白山名誉毀損事件を起こした同じ門脇だった。門脇は9月2日の午前8時、あるジャーナリストから事件発生の一報を受けている。「東村山女性市議『転落死』で一気に噴き出た『創価学会』疑惑」「週刊新潮」のこの記事は、結論として200万円の損害賠償の支払いを命じられることになった。

捜査に携わった警視庁東村山署は95年12月、女性市議の転落現場で争った形跡がないこと、ビルの真下に落ちていること（突き落とされた場合は放物線を描くため真下には落ちない）、5階の踊り場の手すりにぶら下がった跡が残っていたことなどから、「事件性は薄い」との結論を下した。東京地検も97年4月、「自殺の疑いが濃厚」との最終結論を発表した。

9　朝木明代が自殺した裏事情

いま振り返ると、転落死事件は、死亡した朝木明代自身の引き起こした「万引き事件」に尽きていたといえる。

朝木が万引き事件を起こしたのは、転落死の2カ月前の95年6月19日。場所は東村山駅近くのブティック店だった。

店番をしていた女性が明代の万引き行為を目撃し、外まで出ていって追及したところ、明代の背中側から1900円のTシャツがポトリと地面に落ちたという。本人は逃げるようにその場を立ち去ったというが、女性はその場に居合わせた客の勧めで警察に被害届を提出した。

目撃者はこの女性以外に3人いたという。実は明代の万引き行為はこれが初めてというわけではなかった。過去にも同じ店で一度目撃されていたが、そのときは驚きのあまり、店側が素通りしてしまったという。地元で名の知られる市議会議員が平然と万引きを行ったことがにわかには信じられなかったからだ。今回もまたするかもしれないと注意していた矢先に発覚した事件だった。

明代が東村山警察署で最初の事情聴取を受けたのは万引きから10日ほどたった6月30日。以来

7月4日、7月12日と3回の取り調べが行われた。

明代は「事実無根」を主張し、2回目からは「確かなアリバイがある」と述べ、万引きがあったとされる時間帯に同僚の矢野市議とともにファミリーレストランで遅い昼食をとっていた旨を主張した。その上でファミレスの店舗から取り寄せたレジジャーナルを証拠として持参した。警察が裏付け捜査してみると、明代は他人の伝票をアリバイとして使用したことが発覚した。

最後の事情聴取の日となった7月12日。この点を問い詰められた明代は、調書の読み聞かせ段階になって、突然口にした。

「今日のアリバイはマスコミを含めてほかの人には言わないでほしい。私はどうなりますか?」

この奇妙な発言に係の者は答えた。

「あなたのアリバイは信用できないので立件する。送致する」

調書にサインするように促す係官に、明代は抵抗を示した。

「今日の調書はなかったことにしてください」

自身の政治生命を失う恐怖がそう言わせたものと推察される。東村山署は同日、東京地検八王子支部に書類送検し、万引き事件は翌日の一般紙朝刊で一斉に報じられることになった。捜査に当たっていた千葉英司副署長(当時)は、後の民事裁判(1999年11月15日)で次のように証言している。

代理人　軽微な犯罪だと思うんですがこれを送致した理由は何ですか。

千葉　まず市議であるということ、否認をしているということ、他人のレシートを使ってアリバイを主張した。加えて、被害者に対する悪質な行為が繰り返されております。

代理人　悪質な行動というのは何ですか。

千葉　お礼参り的な行動をしております。

代理人　そのお礼参りというのは、洋品店、被害者の宅に行って、何か脅したということですか。

千葉　はい。

代理人　どのようなことをしたんですか。

千葉　まず、店に行きまして、店主がいないかということで、何度も店へ訪ねております。訴えると罪になるぞという趣旨も申し向けているようであります。その後も同様のことが繰り返されております。

後日談だが、署名捺印《なついん》されていないこの「供述調書」は、署名の上で起訴される事態になっていれば、検察側の証拠として刑事裁判の法廷に提出されるはずだった。だが、明代が東京地検出頭の直前、〝転落死〟してしまったことで日の目を見ることはなかった。

書類送検の翌日、7月13日の東村山市議会。この日、朝木明代の書類送検のニュースが一斉に新聞で報じられ、議会内はちょっとした騒ぎになっていた。

同日開かれた総務委員会。第2委員会室では3つの陳情をめぐり、断続的に質疑が続いた。出席したのは、自民、共産、社会、公明各議員と矢野穂積の総勢7人。

午前中、定住外国人に対する地方選挙への参政権に関する議会決議を求める陳情のほか、市民センターにエレベーターを設置することを求める陳情が諮《はか》られたあと、矢野の辞職を求める陳情が検討される予定になっていた。

「議席譲渡」を無効と主張する市民からの辞職要求に晒されていた矢野は、この日議事進行役の総務委員長から当事者であるため退室を求められたが、「出るわけにはいかない」と抵抗した。委員会は午後再開したが、矢野があくまでも退室を拒んだため、午後3時すぎに休憩、〝自然流会〟の流れになった。ハプニングが起きたのは、その直後のことだったという。

矢野の議員生命のかかった問題だけに、同一会派の朝木明代も傍聴席に姿を見せていた。明代は「時」の人である。そばを通りかかった議員から「万引きで送検されたんだって？」と聞かれると、明代は強い口調で即座に言い返した。

「なによ、送検されたくらいで。まるで鬼の首でもとったみたいに。現行犯逮捕もできないくせに……。だいたい、品物を取り返しておいて問題にするほうがおかしいのよ」

万引き事件は6月19日に発生。女性店主が追いかけて詰問したため、明代は盗んだTシャツを地面に落とす〝失態〟を演じていたことは既述のとおり。Tシャツは店に戻ったが、明代は書類送検された翌日、議会場で、万引きの事実そのものを複数の人々の前で認めていた。

このやりとりを聞いていたのは、総務委員会の委員や傍聴人など10人近い人々だ。このいきさつは書籍『民主主義汚染　東村山市議転落と日本の暗黒』（宇留嶋瑞郎著）にも紹介されている。当時総務委員会に所属していた川上隆之市議（当時）がこう語る。

「そのとき（朝木明代議員は）『実害がなかったからいいじゃないの』とムキになって反論していました。彼女がそう言ったので、誰かが『じゃあ返したのか』と聞くと『そうよ』と答えたのが聞こえました。やっぱり（万引きを）やっていたんじゃないかと私たちは笑ったわけです。（意図しないで）ぼろを出したわけですから」

その後、東京地検の担当検事から、明代の担当弁護士のところに出頭要請がなされた。8月28日ごろのことだったという。指定された出頭日は9月5日となっていた。

出頭を目前に控えた9月1日、明代は、矢野穂積とともに東京・表参道の青山病院に入院中の元東京地検検事出身の弁護士のもとへ足を運んだ。そこで2時間以上かけて〝相談〟した。当時、検察庁は明代が万引きを認めて謝罪すれば不起訴、否認すれば起訴する方針を固めていたとされる。

朝木明代の転落死事件はそれからわずか6時間後に発生した。

10　ファクトのない記事

「週刊新潮」の記事の中で、門脇は、「朝木市議の変死事件は、実に不可解なものだった」と書いている。さらに「自殺するはずがない」「殺されるかも……」といった小見出しを立て、「疑惑」なるものを煽《あお》っていた。最後に、ある自称ジャーナリストのコメントが付記されていた。

「私はいろいろな面で今回の事件は納得がいきません。この事件の背後にはどうしても創価学会の影を感じるんです。朝木さんはこれまで、市職員の縁故採用など東村山市と学会との行政癒《ゆ》着《ちゃく》や、脱会者への嫌がらせ等を議会で糾弾《きゅうだん》したり、新聞紙上にも掲載してきた。しかも、前回の都議選に朝木さんは突然、出馬して大健闘。地元の公明党大物都議を慌てさせた。この上なく公明党・創価学会は、朝木さんの存在を目の上のタンコブとして見ていたんです」

門脇はここでも事実的根拠の乏しい主張に依拠して記事を作成した。

明代の同僚であった矢野らは、明代が拉致されて殺されたとする〝他殺説〟（＝教団謀略説）を主張。オウム真理教によって殺された弁護士・坂本堤《つつみ》一家になぞらえてみせた。

不思議なことに、このとき「襲われた」と主張したのは、発見当時まだ意識があり、口のきけたはずの明代ではなく、事件の当事者ではない矢野穂積だった。

ここに、この事件の核心があったといってよい。殺害するのが目的なら、駅前という人目に付きやすい場所を敢えて現場に選ぶ必要もない。車で10分もいけば、人通りの少ない場所はいくらでもあるからだ。

一方で遺族や矢野らは「他殺説」を主張しながら、奇妙なことに、警察の事情聴取にすぐに応じようとしなかった。他方、押しかけたマスコミには根気よく他殺説を振りまいて誘導しようとした。

門脇は法廷に提出した陳述書の中で、「取材で出てきたこういう客観事実を国民の前に提示することは、われわれジャーナリズムの使命」と、ここでも白山名誉毀損事件のときと同じく、「我こそは正義」とばかりに、大上段に刀を振りかざした。

結論からいうと、判決文は門脇らの主張を一蹴。新潮社は２００万円の損害賠償を命じられた。東京地裁の１審判決（２００１年5月18日）はこう判示した。

「被告（※新潮社）らが、抗弁として主張・立証すべき事項は、亡朝木（※明代）の不自然な死に原告（※創価学会）が関与したことが真実であること、または、被告らが亡朝木の不自然な死に原告が関与したことが真実であると信じるについて相当の理由があったことである。

しかし、この点についての主張・立証はない」

「本件各記事は、亡朝木の本件転落死は自殺ではなく、また、亡朝木らに対し数々の嫌がらせや脅迫が続いていたとして、多くの事実を指摘している。しかしながら、これらの事実のすべてが真実であるとの証拠はなく、仮にすべてが真実であったとしても、それだけで亡朝木の本件転落死自体に原告が関与していたと推認することはできない。また、これらの周辺事情があったとしても、当時から東村山警察署は本件転落死は事件性が薄いと発表しており、また、本件転落死そのものと原告との直接の結び付きを示す事実があったとの証拠はないから、被告らが、本件転落死に原告が関与していると信じたとしても、相当の理由があったと認めることはできない」


1審判決を受け、新潮社側は異例の対応として控訴を断念した。もはや勝てる見込みがないと判断したからだろう。にもかかわらず、門脇は証人尋問で次のように証言してみせている。

「非常に抑制のきいた記事だと自分では思っております」

「転落死に創価学会が関与しているということは、それは一切書いていないし、書こうとも思っておりません。今に至るも、それは証明されておりません」
「私どもは予断を持って記事を書くわけにはいきません」
「ジャーナリズムの基本という意味は、僕たちは事実を知りたいわけですから、その事実というのは当事者に当たっていくというのが基本でございます」
「事実を報じるのが僕たちの仕事です」

東村山市議の転落死事件において、門脇の執筆した記事が、創価学会という教団を殺人犯扱いしたことは紛れもない事実である。そのことは判決文で次のように記されていることからも明らかだ。

「本件各記事はいずれも、全体として観察すると、亡朝木の死は自殺ではなく事件性のあるものであり、あたかも原告がこの事件に違法な態様で関与したかのような印象を一般読者に与えるものであると認められる」

門脇は1度ならず2度までも、エビデンス（証拠）もないままに、無実の市民と団体を「殺人犯」扱いしたのだった。

11　3度目の殺人犯誤報

２０００年7月、観光ビザで来日していた元スチュワーデスのイギリス人女性が突然失踪《しっそう》し、警視庁麻布署に捜索願が出された。女性は東京・六本木にある外国人クラブでアルバイトしていたが、ある日の昼下がり、顧客と会うと言って外出したきり戻らなくなった。世にいうルーシー・ブラックマン事件である。

麻布署が本庁の捜査一課と合同で内偵捜査を行うと、有力な容疑者が浮かび上がった。同年10月に逮捕されることになる男性である。ルーシーの亡き骸《がら》はこの男性がレイプ部屋として常習使用していた逗子《ずし》市（神奈川県）の別荘近くの海岸で逮捕後に発見された。

男性の部屋には女性を写すためのビデオカメラ3台がベッド周辺に常設されており、薬で眠らせた女性の衣服を脱がせ、自らリモコン操作で撮影しながらプレイを繰り返すことが常態化していた。被害女性の数は日本人を含め優に２００人を超えていた。

この事件で同年10月11日、「週刊新潮」に「人生『紙一重』の運不運」というワイド特集が掲載される。ワイド特集は、小さな記事を幾つも集めて特集化した企画のことだ。その中に「英国人元スチュワーデス失踪で『ある資産家』の疑惑」という1ページの記事があった。ルーシーの失踪にかかわる捜査情報に関する記事である。

女性の失踪に伴い、当時のブレア首相が日本の森首相（当時）に捜査要請する異例の展開を見せていた。捜査を担当する警視庁には幾つかの班がもうけられ、容疑者を絞り込んだ。そのとき出てきた容疑者の一人が、実際に逮捕される男性とは別の、この記事で書かれた「資産家」の男性だったという。

だが、この掲載号（10月19日号）が発売された翌日（10月12日）、「真犯人」である男性が逮捕された。その後、海岸べりから女性の遺体が出てきたことで「真犯人」はこの男性で確定する。別の男性を犯人扱いした新潮記事は、根も葉もない〝誤報〟だった。

この記事によって犯人の疑惑をかけられた男性は「太田徹」という匿名《とくめい》で記載されていたものの、会社の上場の有無、業種、本拠地、出身大学、留学先の大学などが具体的に明記されており、本人を特定できる形で書かれていた。読む人が読めばだれのことかわかるものだった。

さらに実際に逮捕された男性は逮捕後もすぐにはどのような人物であるか詳細が明らかにならず、公表された顔写真も古いものだった。このため新潮記事で疑惑を書かれた男性への周囲からの疑念は消えなかったという。

報道被害を受けたこの男性は、記事掲載から半年ほどたった2001年5月、1000万円の損害賠償と謝罪広告掲載を求めて名誉毀損で提訴した。

実はこの記事を担当執筆したのも門脇だった。これで実に3回目となる〝殺人犯誤報〟にほかならない。結論からいうと、この裁判も門脇側の完全敗訴で終わった。

1審の東京地裁は2002年12月、新潮社側に150万円の損害賠償を命じ、2審（03年5月）、最高裁（03年10月）とも結果は変わらなかったからだ。

12　開き直った陳述書

この裁判で10ページの陳述書がある。被告新潮社の一員であった門脇が、2002年2月18日付で東京地裁に提出したものだ。青の万年筆で「門脇護」と署名された一段上に「週刊新潮編集部次長」と書かれている。だが「次長」の2文字は2本線で消され、「副部長」と書き換えられていた。

門脇は被告側証人として02年5月に出廷したが、直前の4月に、編集部内で「次長」から「副部長」（=副編集長）へ昇進した。手書きの訂正部分はその経緯を物語るものだ。

この陳述書では、彼の仕事への考え方、自負といったものが如実に反映されていた。

冒頭、社内での経歴を述べている。それによると、2002年2月時点における門脇の社内役職は、「編集委員、主任編集委員、次長として、記事の取材・執筆のみならず、編集部員の指導・管理にあたる立場」だった。その上で、こう書いている。

「週刊新潮は、出版社系週刊誌として最古の雑誌で、特に捜査当局の内幕情報を得意分野としております」

「警察との太いパイプをもった記者たちから、捜査の内部情報が毎週もたらされています」

「真実に近づきたい、一般の新聞報道では窺《うかが》えない人間ドラマに迫りたい、という思いから、編集部員は、日夜、人脈作りや取材に励んでおります」

「新聞は警視庁記者クラブに所属しているため、さまざまな制約を受けておりますが、週刊新潮はクラブに所属していないため、警察からの制約や圧力が比較的少なく、こういった裏舞台の報道ができる関係にあります。その点で、国民の知る権利に対する役割の一端は担えているのではないか、と思っております。その際、私どもが常に肝に銘じていることは、すべて取材によって摑《つか》んだ事実だけを記述することです。『太田徹氏』に関する記事にも、嘘はありません」

ここまで読んで感じるのは、新聞に対する対抗意識だ。さらに既成の記者クラブに加盟している新聞・テレビには真実の報道はできないが、自分たちはそれをやれるといった自負心が読み取れる。

当然ながら、だから「誤報」で人を傷つけていいことにはならないはずだ。陳述書の中身を追ってみよう。（※は筆者注、以下同）

「私たちは、読者が通常の読み方をすることを前提に記事を書いております。あの記事を読んで、一般の読者が、あの『太田徹』という人物を特定するとは考えておりません。まして、私どもは本人を特定させるためにわざわざこういう記事を書いたわけではありません」

「原告は、仮名で報じたこの記事に対して、実名の謝罪を要求しております。私どもは、六本木で名うての外人ホステス専門のプレイボーイである『太田徹』氏に関して、知りえた情報のうち、ほんの一端しか記事には書いておりませんが、原告は仮名を用いて書いた本誌の記事に対して実名を使って謝罪しろ、と訴えているのです。われわれはこのことに納得ができません。私どもにとって、あくまでこの記事に登場するのは、『太田徹』という人物であり、『○○○』（※実名）ではないのです」

「あなたは、何を世間に周知させたくてこの実名謝罪を要求しているのでしょうか。当該記事に書かれていることは全て事実ですが、世間に対して今、『自分は犯人ではない』ということを言いたいのでしょうか。それなら世間はすでに知っています。ルーシー事件の犯人が〇〇〇〇（※実際に逮捕された人物の名）であることは、日本中の人々が知っています。その〇〇〇〇に関する報道も、われわれは他誌に負けない詳報を何度も掲載しております。繰り返しますが、私は『太田徹氏』がどこの誰であるかを知らせるためにこの記事を書いたわけではありません。もしそうならば、仮名を用いるようなことは致しません」

「そして、私は太田徹氏が『犯人である』などと書く意図もなかったし、現実に記事を読んでいただければそんなことは一切書いておりません。もし、捜査の過程で浮上した人物を編集部として『犯人』と断定できるならば、それは大変なスクープとなり、話題を独占することになります。もし、そんな記事ができるなら、5ページ以上の特集記事となり、中吊り広告でも右側の一番大きなもの（いわゆる〝右トップ〟）になったことは疑いありません」

「あくまでこの記事は、知られざる『ルーシー事件捜査』の裏舞台を報じたものであり、特定の個人の名誉を毀損するものではなかったことを改めて申し述べたいと思います」

白山名誉毀損事件のときと同じく、自身には全く非がないかのような口ぶりである。ここに書かれていることは、どこまでも自己本位な立場からの主張ばかりである。被害者がどのような思いをしたか、歩み寄ろうとする姿勢は微塵もない。さらに匿名の際の名前のつけ方についてはこんな記述もあった。

「それぞれのデスクが使う仮名には傾向がありますが、私がよく使う仮名は『吉田』『田中』『太田』といった『田』を使うものであるだけのことです」

確かに、白山名誉毀損事件でも、門脇は白山信之の匿名に「吉田良夫」と「田」を付けていた。

13　反省なきメンタリティー

門脇は陳述書において、この裁判の意味を次のように規定している。

「私たちは、今回の裁判で問われているのは、その段階で『該当の人物』を仮名にして、その経緯を書くことはできないのか、という問題だと認識しております。他の週刊誌なら、もし、これだけの情報を握っていれば、大々的かつセンセーショナルに報じていると思います。しかし、先にも記述したように、週刊新潮は出版社系週刊誌として最古の伝統があり、特に得意とするこういう捜査の内幕情報は、かなりの頻度で編集部にもたらされております。それらは、今後こういう内幕記事として報じることは許されないのか、という問題に突き当たります」

ここでも、週刊新潮が〝最古の伝統〟との自負を語りつつ、このままでは捜査情報による報道はできなくなると訴えている。第1章で取り上げた盗用事件の際と同じく、このままではノンフィクションは成り立たなくなると主張した自己本位な行動と似た態度を繰り返していることがわかる。最後に次のような主張が飛び出した。やや長くなるが、そのまま引用する。これは門脇護の02年2月時点における認識だ。

「最近、名誉毀損裁判で週刊誌が敗北している例が続いております。たしかにウラとりをおろそかにした他誌の記事には、呆れるものも少なくありませんが、きちんと取材し、国民の知る権利や調査報道の原点に立ち戻った良質の記事も、すべてが一緒くたにされ、論じられる傾向にあります。週刊誌規制を言いだしたのは、自民党の特定の政治家であり、創価学会でもありますが、今では法務省も巻き込んで大きなうねりとなっております。そして、彼らは『訴えれば、それでいいんだ』という認識で裁判所を利用し、気に入らない記事が出るたびに提訴を繰り返しております。現実にそういう話し合いをしている大物政治家を私どもは何人も知っております」

「本当に大切にしなければならない『人権』が蔑《ないがし》ろにされ、うわべだけの『人権』が尊重される本末転倒の社会になりつつあり、その為に裁判所が利用されている気がしてなりません。現実のウラで動いている真実を知ることができなくなれば、国民にとってこれ以上不幸なことはないと、私も国民の一人として思っております。裁判所にお願いしたいのは、日本の報道を通りいっぺんのうわべだけのものにしないで欲しいということです。一般の常識に照らした通常の読み方で、われわれの記事をご判断いただきたいと思います」

この陳述書が提出されたときは、すでに門脇の主導した〝世紀の大虚報〟とされる信平狂言事件は2001年6月、最高裁で「訴権の濫用《らんよう》」と認められ、却下が確定していた。

ここで門脇は、週刊誌規制を言い出したのが、特定の政治家や創価学会であるなどと述べ、ほんとうに大切にすべき人権が蔑ろにされていると危機感を示している。ここでいう大切にすべき人権とは、国民の知る権利を指すようだ。

門脇の主張によれば、国民の知る権利の前には、誤報によって無実の市民が犯人扱いされて報道被害を被っても、それは「うわべだけの人権」にすぎないという主張のようだ。彼の陳述書が、いかに国民感覚から離れた内容からうかがい知れよう。

報道規制のきっかけとなった要因の一つが、自身で主導した〃世紀の大虚報〃にあった事実も、まるで眼中にないようだ。

14 新聞に対抗する気持ち

この裁判で門脇が東京地裁の法廷に姿を見せたのは、2002年5月。既述のとおり、1ヵ月前に「次長」から「副部長」に昇進していた。副部長は編集長（部長）に次ぐナンバー2のポストだ。このころの彼にすれば〃次期編集長〃の椅子《いす》さえ視野に入っていたと思われる。この日の尋問で、門脇は「僕たちは警察に非常に情報源をたくさん持っている」と自慢げに語り、報道被害者のプライバシー保護について、どう留意したかについて次のように述べた。

「いろんな人物が浮かんでは消え、犯人であるというわけではないから、匿名にするというのは当然ではなかったかと思います」

「週刊新潮という役割、これは記者クラブに依拠していないメディアですので、そういう警視庁記者クラブ詰めの人間たちが書けない記事、内幕記事を書くというのが私たちの仕事ですので、仮名にした上でできるだけ詳しく書くということをいつも旨として記事を書いています」

続けて代理人との間でやりとりが続いた。

代理人　先ほどの御証言で、本件記事の太田徹というのは、もちろん一般読者からは特定されないように本件記事を書いたと、配慮されたというふうに証言されましたよね。

門脇　はい。

代理人　仮に原告の周囲の人間とすれば、太田徹が原告であると特定できる可能性はあると思いますか。

門脇　どのような場合でもそれはあり得ると思います。配慮はしても、周囲の人で、ごく限られた人間には分かる場合はあるかもしれません。しかし、それは必要不可欠な情報というのは必ず書かなければならないわけで、それは仕方ないと思います。

これらのやりとりから見えるのは、形式上「匿名」にしただけで、あくまで細部を書き込むことによってプライバシー侵害が起きるのは「仕方がない」と明言していることだ。これでは、「匿名」にした意味がなくなるというものだろう。

現に1審判決では、「不特定多数の読者が、本件記事の太田徹が原告であることを認識する可能性があれば名誉毀損が成立するに足りるというべきである」と判示し、門脇の主張を一蹴している。

尋問は、門脇の新聞ジャーナリズムへの対抗意識を感じさせるやりとりへと移っていった。毎日新聞の牧太郎編集委員がコラム（２０００年10月24日付夕刊）で、門脇執筆のこの記事について次のように批判していたからだ。

「これは、やはり誤報である、訂正すべきだと、考える。広い意味で捜査の対象になったことは事実だが、事情聴取の対象になった人物は他に何人もいる。匿名とはいえ、特定できるように〝犯人扱い〟すれば立派な名誉棄損にならないか」

事実、門脇執筆の記事は、その後この裁判でも名誉毀損が認定される。当時から自分の責任を絶対に認めることのなかった門脇は、このときも身勝手な理屈を並べ立てた。当然ながら、牧編集委員が望んだ訂正記事が載ることもなかった。

代理人　毎日新聞で、牧太郎氏が本件記事のことをとらえて、誤報であって、訂正記事を書くべきではないかという形で論評されているのは知ってますね。

門脇　知っております。

代理人　その記事について証人はどういうふうにお考えですか。

門脇　新聞記者らしい、常に記者クラブ、官の発表だけに頼ってきた人らしい発想のコラムであると思っています。彼らは犯人というのが分かってから、逮捕されてから書くわけですから、それ以外の段階ではああいう産経新聞のような、本当に分からない形でしか書けないわけですから、そういうのを何十年もやってきた人はああいう発想をされるんだと思います。

代理人　そういう発想と週刊新潮の発想というのは、一言で言ってどういうふうに違うんですか。

門脇　これはやっぱり国民が知りたい、知らなくてはいけない、不眠不休の捜査をやっているという過程というのは大変大切なことだと私たちは思っておりまして、ルーシー事件だけじゃなくて、近く世田谷（※２０００年12月30日に発生した世田谷一家殺人事件のこと）のことについても私記事を書くつもりなんですけれども、その内幕というのが全く世の中に知られていないと。それは、僕たちは警察に非常に情報源をたくさん持っていて、しかも記者クラブに属していないメディアに許された、やらねばいけない使命でもありますので、これはどうしても私たちは書いていきたい。それを新聞記者の目から見て、あの記事を読んだときに自分たちの経験から、犯人であるというふうに特定してるというふうに、新聞記者が何十年の記者クラブ生活の経験の中でそういうふうにおっしゃるわけで、いかにも記者クラブに依拠してきた人の御意見だなというふうに思って、そういう気持ちで読みました。

これらから見える門脇の心情は、新聞メディアへの強い対抗心だ。すなわち記者クラブという官製ソースに頼っているメディアと俺たちは違うという自負心である。繰り返すが、だからといって誤報を打って人を傷つけていいことの言い訳にはならない。

15　自己本位に生きる

門脇尋問の最後では、裁判官自ら詳細な質問を行っている。彼の記事執筆の考え方を知る上で参考になるので紹介する。

裁判官　本件は原告の名前を出していないで匿名の記事なんですけれども、なんで匿名の記事にしたのか、言っていただけますか。

門脇　先ほどから申し上げているように、捜査の過程ですので、いろんなグループとか団体、人物というのが浮かんでは消え、浮かんでは消え、これは世田谷事件でもそうなんですけれども、その段階で、この人が浮かんでいるということを世間に知らしめるということは報道機関としてはしませんので、犯人が逮捕されて以降、その人の人物を実名でやりますけれども、そういうことは原則としていたしません。

裁判官　（それは）あなたの意見なんですけれども、この記事には特に内容としては誇張したところとか、取材に基づいていない記事とかは一切ないわけですね。

門脇　それは一切ありません。

裁判官　ないんだとして、それだけの相当な嫌疑《けんぎ》があるということだったら、別に実名を出して構わないということはないんですか。

門脇　そんなことはありません。私たちは捜査の側面、一側面を書いているわけで、捜査というものは幾つもの班でありまして、それぞれ最後まで突き進んでいくわけですね。その一つの側面を書いておりますので、嫌疑があるからといって、これが間違いないと思うということは僕たちは経験上もないし、ほかの班も最後まで、○○が最後逮捕されるまでずっと並行して突き進んでいきますから、その一つの側面を書くという意識がありますので、それは絶対しません。

裁判官　要するに原告についてだって、この段階でもしかしたら犯人なのかもしれないけれども、まったく関係ないという可能性もあるということですよね。

門脇　まったく関係ないというか、捜査線上に浮かんでいるという事実を私たちは知って書いているわけですから。

裁判官　そんな段階で週刊新潮みたいな有名な雑誌が、疑惑なんて題名を付けて原告の具体名を出したら、やはりまずいという意識はあるわけですよね。

門脇　それは実名を出せばまずいですね。特定の配慮というのはやっぱりありますので、その配慮の一つとして仮名にしたということです。

裁判官　今の話だと、原告だということが分かっては不都合なわけですよね、この記事の中で。この記事を読んだ人がこれは原告ではないかと推知させてしまっては。

門脇　一般の読者にそれが分かるとまずいですね。

裁判官　あなたのおっしゃっている一般の読者というのは、どのような範囲のことを言っているんですか。

門脇　一般読者の定義ですかね。

裁判官　私が具体的に言いたいのは、例えば原告の○○電気と関係のある人とか、そういう人は一般読者には含まれてないんですか。

門脇　関係ある人も一般読者の中に入ると思います。

裁判官　取引関係ですとか、いろいろいますよね、従業員ですとか。それは一般読者に含まれているわけですか。

門脇　大きい意味では含まれると思いますね。

裁判官　本件記事なんですけれども、○○県に本拠を置く二部上場企業の専務であって、御《おん》曹司《ぞうし》だとありますよね。しかも、○○大学を卒業して○○州立大に留学して英語もしゃべれて独身でと、いろいろ書いてありますけれども、これは○○○○の例えば従業員ですとか、○○○○の取引先の人が見たら原告だと分かりませんか、分かると思いませんか。

門脇　そこまで分かりますかね。

裁判官　例えば私で言ったら、○○大学を出て、大学院に言って、そのあと東京地裁で判事補をやっていますと言ったら、私を知っている東京地裁の関係者だったら私だって分かると思うんですけれども、あなたはそう思わないですか。

門脇　○○電気の中で分かる人は確かにいたのかもしれません。それはごく身近な人じゃないかと思います。

裁判官　ごく身近な人というのは、具体的にどういう人のことをおっしゃっているんですか。

門脇　身内ですとか、それこそ総務の秘書課とか、そういう人は分かるかもしれません。

裁判官　その程度なら仕方がないという判断ですか。

門脇　そうですね。（中略）この程度では普通の方は分からないというふうな判断で書きました。

読めば分かるように、どこまでいっても自分本位な考え方を開陳する門脇。書かれた側の立場に思いを致す姿勢は微塵も見られない。裁判官の質問は、まるで小学生をさとす教師の言葉のようにも読める。

この記事における新潮社の敗訴は２００３年10月、確定した。

16　断たれた編集長への道

２００２年４月、「週刊新潮」のナンバー２である副部長に就任した門脇にとって番狂わせの事態が起きる。

一つは同社の看板雑誌の一つであった写真週刊誌「ＦＯＣＵＳ」が２００１年８月に休刊したことだ。これにより、仕事を失った同誌の主力部隊が「週刊新潮」に流れてくる結果となった。もともと新宿区矢来町の新潮社別館の１階に「ＦＯＣＵＳ」編集部、２階に「週刊新潮」編集部があったが、両誌の交流はさほど密なものではなかったようだ。

そのとき「ＦＯＣＵＳ」から移籍してきた一人が、第５代編集長・早川清の後を継ぐことになる酒井逸史《さかいはやと》だ。さらにもう一人、現編集長の宮本太一も「ＦＯＣＵＳ」からの移籍組である。彼らの中にあって、門脇護は入社以来一貫して「週刊新潮」に籍をおいてきた数少ない〝プロパー〟にほかならなかった。

「雑誌は編集長のもの」といわれるくらい、編集責任者である編集長の権限は大きい。その意味では、編集長ポストこそが、雑誌編集の最大の醍醐味といえる。

門脇は順調に仕事を続けていれば、編集長の椅子に座ることもできたものと見られるが、彼の足を引っ張ったのはそれまでの数々の大誤報、捏造の山だった。

自業自得といえばそれまでのことだが、自ら執筆した人権侵害記事の蓄積が、新潮社内で、次の編集長に彼を選ぶことは困難との結論を下していたことがうかがえる。そうした社内の空気をだれよりも敏感に察知したのが本人だったろう。

同人が2008年4月、勤務25年をすぎて同社を退社した最大の理由は、このまま社に残っても編集長にはなれず、〝万年副部長〟の地位に甘んじなければならない屈辱の日々を過ごすより、成功するかどうかはやってみないとわからないが、独立して新たな道を切り開こうと考えたからと思われる。

実際、退社する数年前から、本業の「週刊新潮」の業務とは別に、個人で取材執筆した書籍を刊行し、それらが運よく当たっていたことも挑戦を後押しするきっかけになった。

門脇の「卒業式」と称するパーティーは2008年3月27日、東京・飯田橋の飲食店で開催された。月刊誌「WiLL」をすでに創刊していた花田紀凱《かずよし》、「週刊新潮」の連載記事を門田が当初依頼し担当した櫻井よしこなど、業界の著名人も多く参加した。

ここで門脇は、都内自宅の住宅ローンをようやく払い終えたことを語り、さらに「日のあたらないところに生活する立派な日本人を書き遺したい」と独立後の抱負を語っている。

門田隆将こと門脇護の職業上の〝原点〟は、まぎれもなく25年間におよぶ「週刊新潮」編集部の中で形成された。同人は2010年秋に出身大学から取材され、次のコメントを残している。

「800本近く特集記事を書いたと思います。おそらく、これだけの数の特集記事を書いた週刊誌デスクはぼくだけじゃないでしょうか」(Chuo Online)

週刊誌業界の中で唯一ともいえる仕事を行ってきたとの自負がうかがえる。

リベラルな学生にすぎなかった一人の青年は、「週刊新潮」編集部内で、朝日新聞を敵視する心性を形成し、後述するように靖国神社を尊崇する強固な精神性を身につけた。その上で、ノンフィクション作家への道を歩むことになった。50歳の誕生日を迎える前の決断だった。

ちなみに、出版社系総合週刊誌として最古の歴史をもつ「週刊新潮」の歴代編集長は、以下の流れとなる。現在は創刊時の1956年から65年をすぎた段階だが、これまで同誌の編集長の椅子に就いたのはわずか7人にすぎない。1人あたりの平均年数は9年を超える計算となる。

初代　佐藤亮一《りょう》　1956〜1964（8年2カ月）
2代　野平健一　1964〜1981（16年8カ月）
3代　山田彦彌《ひこや》　1981〜1993（12年3カ月）
4代　松田　宏　1993〜2001（8年4カ月）
5代　早川　清　2001〜2009（7年8カ月）
6代　酒井逸史　2009〜2017（7年9カ月）
7代　宮本太一　2017〜

このうち松田宏（故人）は98年6月役員に就任し、早川清も05年6月に役員となった。松田は2014年6月に役員を外れるが、同時に酒井逸史が取締役に就いた。「週刊新潮」編集長になって数年がすぎると、自動的に、同社の役員を兼務するのが通例のようだ。

これらの中に、門脇護の名が刻まれることはついぞなかった。

▼被害者は語る　白山信之さん

(1)「門脇護＝門田隆将」だとは全然知らなかった

ある日、新聞を開いて心臓が止まるほどビックリしました。「週刊新潮」のデタラメな記事で私を「人殺し」扱いした門脇護（元「週刊新潮」デスク）の顔がデカデカと載っているではありませんか。『疫病２０２０』という新刊の新聞広告です。

妻は「著者の名前は『門脇護』じゃなくて『門田隆将』だよ。顔がよく似ているけど、別人じゃないの？」と不思議がっていました。ペンネームに名前を変えたところで、あの顔写真を見た瞬間、すぐに思い出しましたよ。夢にまで何十回も出てきた顔です。

あの独特なオカッパ頭、メガネの奥のズルがしこい目つきの顔は、忘れようにも忘れられません。あの男のせいで私たち家族の人生は一変し、３年半もの長きにわたる裁判で苦しめられたのですから……。未練たらしく「門脇」の「門」だけ残して「門田」なんて言っていますが、あの顔写真と「門」の一文字でピンときましたよ。

「週刊新潮」のデマ報道によって、門脇は無実の私を殺人犯にデッチ上げました。その後、私が起こした名誉毀損訴訟は1審、2審、最高裁いずれも勝訴の結果に終わっています。

無実の一市民を殺人犯にまつり上げ、フェイクニュースを雑誌に載せてカネ儲けに狂奔した。まともなジャーナリストであれば、デマを垂れ流した責任を取ってペンを折り、ジャーナリズムの世界から引退するのが筋でしょう。なのに姑息《こそく》にも「門脇護」の本名を隠し、自称・門田隆将として作家活動を続けていたとは、開いた口がふさがりません。人間とはここまで品性下劣になれるものかと、心底驚きました。

『疫病2020』を読んでいる読者は、彼の恐ろしい本性を知らないのでしょう。門田隆将こと門脇護は、ジャーナリストの風上にも置けない前代未聞のデマ作家、フェイクニュース作家なのです。

(2) 陰口と無言電話のせいで妻が1ヵ月入院

私が暮らす北海道の田舎でも、新聞広告を見て週刊誌のゴシップ記事に興味をもつ人がいます。「週刊新潮」が発売されたとたん、私は街中の好奇の目にさらされました。向こうから何か言ってくれれば否定のしようもありますけど、口では何も言わず、突然ヨソヨソしくなる人もいます。

面と向かって何も言ってこなくても、「あっ、この人はあの記事を読んだな」と態度でわかるものです。

交通事故の記事は、一般紙でも報道されました。新聞報道を見た人は「白山さんがもらい事故に遭ったらしいね。気の毒だ」と理解してくれましたが、「週刊新潮」のデマ記事が出てからは一変して、被害者が正反対の加害者に仕立て上げられてしまったのです。

私は冷蔵庫の販売修理の仕事をしていまして、お得意さんから「白山さん、週刊誌に記事が載ったそうだね。どういう事件だったの?」と聞かれたことがあります。幸いその人は、私の説明を聞いて納得してくれました。「週刊誌にそういう記事が出たにせよ、白山さんが悪いところは全然ないんだね。だったら会社としても、白山さんに頼んでいた仕事を切るわけにはいかない。安心してこのまま仕事を続けてください」と言われたものです。

と同時に、記事が出て以来、パタリと仕事の依頼をしてくれなくなった人が何人もいます。「週刊新潮」の記事を真に受けて、私のことを犯人だと疑ったのでしょうね。

私が仕事に出ている間、自宅には嫌がらせの無言電話がしょっちゅうかかってきました。妻が電話に出た瞬間、ガチャンと電話が切れてしまうのです。あれは妻にとって、ものすごいストレスになりました。心労が積み重なって、妻は1カ月間も入院しています。

かわいそうだったのは、3人の子どもたちですよ。「週刊新潮」の記事が出たのは、ちょうど

2学期が始まる直前の時期でした。3人の子どもたちが、学校生活の夢を楽しそうに語っていた家庭の平和は、門脇護たちのせいでいっぺんに吹き飛んじゃいました。

妻は倒れて入院するし、周囲の人たちはヘンな目で見るし、子どもから笑顔がなくなっていった。「何で罪もないオレたちがこんなひどい目に遭わなくちゃいけないのか」と、一家の大黒柱として、ただただ情けなかったですよ。

裁判は1審で勝っても、控訴される。2審で勝ったら、今度は最高裁判所に上告される。裁判が確定するまで、とうとう3年半もかかりました。裁判所から戻ってくると、子どもたちが「どうだった？」と遠慮がちに聞くんですよ。不安だったのでしょうね。そんな状態が、学校を卒業するまで続いたんだ。かわいそうに……。

ひどい記事を書いても平気なやつは、その記事がどれほど深刻な影響を与えるのか、深く考えもしないのでしょう。私が暮らすような田舎町では、一度汚名を着せられたら容易には消えません。下手をすれば、一生消えない傷として残ります。例えれば、まっ白いシャツにいきなり墨汁をぶっかけられたようなものですよ。どんなに洗っても、シャツは元の白さには戻らない。門脇護や「週刊新潮」の記者たちは、いっぺん自分たちもそんな目に遭ってみるといいんだ。どれぐらい辛いか、あの気持ちは実際に味わったものでなければわかりません。

▼無実なのに「殺人犯」扱いされた白山信之さん

（３）長いトンネルの中を歩むようだった名誉毀損裁判

94年10月、私は新潮社を相手取って1100万円の損害賠償と謝罪広告を求める名誉毀損訴訟を起こしました。苫小牧には裁判所の支部はありますが、札幌地方裁判所も札幌高等裁判所も、私の地元である苫小牧ではなく、札幌にあります。裁判のたびに仕事を休み、苫小牧から札幌に出かけなければならないのは大きな負担でした。

裁判を起こしたあと、弁護士に任せっきりにして法廷にはほとんど出てこない原告もいます。デマ記事を書いて人の人生をメチャクチャにした門脇には、きっちり落とし前をつけさせたい。正義と真実を法廷で証明したい。そういう思いで、無理を言って仕事を何度も休み、裁判所に通い続けました。

事件のあと、我が家をアポなしで訪ねてきたのは「週刊新潮」編集部の庄司一郎記者と鳥山昌宏記者の2名です。本当の黒幕が別にいることは、裁判を通じて初めてわかりました。「週刊新潮」デスクを務めていた門脇が東京から指示を出しながら、鉄砲玉の記者2名に現場取材をさせていたのです。自分が現場で取材して、自信と責任をもってあの記事を書いたのではなく、東京の出版社にいて取材もしない門脇が記事をまとめていた。「週刊新潮」は、なんていい加減なやり方で記事を作っているのかと唖然としましたよ。

私ら夫婦にとっては、裁判所なんて場所は人生を通じてまったく縁がありません。いかめしい顔をした裁判長、戦闘態勢の双方の弁護士が居並ぶ裁判所は、そこにいるだけでガチガチに緊張します。あいつときたら、裁判所でもふてぶてしい態度をとって、目の前にいる裁判長のことをナメているようにしか見えません。

私の弁護士から尋問され、門脇が「(白山の)名前を出さなかったのだから名誉毀損ではない」なんて平然と言い放ったときは、怒りで身体が震えましたよ。その場でぶん殴ってやろうかと思ったくらいだ。「実名さえ出さなけりゃ、何を書いたって裁判では負けない」なんて決めてかかって、開き直っていたのでしょう。

裁判所で私たちに謝罪の言葉をかけるチャンスはあったはずなのに、門脇からも取材した記者からも、ただの一言も謝罪はありません。それどころか、耳を疑う言葉をぶつけられました。証人尋問が終わって帰ろうとしたとき、庄司記者が妻に近寄ってきて「先日はお世話になりました」と言ったのです。

「今すぐ連絡を取らないと大変なことになりますよ」と脅迫めいた言葉を口にしたうえで、あんなひどいデタラメな記事を出しておきながら、フェイクニュースを流した過ちについて謝りもしない。それどころか、取材に応じてくれてありがとうなんて平気で言う。門脇一派の人並み外れた無神経ぶりと錯乱ぶりは、常人にはまったく理解できませんよ。

(4) 取材をする前に編集部では大見出しが決まっていた

裁判所で門脇は、こんな呆れた言い訳もしました。

「衝突死という事故死した人というのは、事故で死んだ、相手から見たら事故で死なせたという、それをイコール殺人者というふうには、僕は取らないと思うんですね。これは客観的な衝突死の事実を提示したわけであって、そこには原告の白山さんが殺人者であるとか加害者であるとか彼の故意過失とか、そういった主観的な責任には一切言及していないんではないかと思いますけれども」

こんなデタラメな言い分が、裁判所で通るわけがありません。96年12月20日、私は札幌地方裁判所の1審で勝訴しました（新潮社に１１０万円の支払いを命じる判決）。97年9月25日には、札幌高等裁判所の2審でも勝訴しています。そして98年3月26日、最高裁判所で新潮社の敗訴が確定しました。

〈大石寺「僧侶」を衝突死させた創価学会幹部〉と題する門脇の記事がフェイクニュースであることが、裁判所で公式に認められたのです。

日蓮正宗の坊主と創価学会員である私との間で交通事故が起き、坊主が死んだことを、門脇がどこで知ったのかはわかりません。坊主がセンターラインをオーバーしてぶつけてきた一方的な事故であることは、事故現場を捜査した伊達警察署で取材するか、あるいは保険会社で話を聞けばハッキリわかります。

ところが門脇は、なんとか被害者である私のほうを衝突犯にしたかったのです。門脇からハッパをかけられた庄司記者と鳥山記者は、何が何でも私に会わなければいけませんでした。さすがに会って取材すらしないで「衝突死させた」というタイトルはまずいと思ったのでしょう。だから「すぐにご主人と連絡をとらないとまずいことになりますよ」なんて言って妻を脅したり、その後も「もう帰ってきましたか」と何度も我が家に電話をかけてきたのです。

（5）平気な顔でフェイクニュースを流す「ジャーナリスト」

絶対許せないのは、どう考えてもコジツケの危ういタイトルの記事で人を傷つけておきながら、門脇護と新潮社が最高裁まで裁判を争ったことです。自分たちが悪いのだから、1審で負ければそこで潔く非を認めるのが人の道でしょう。どう考えても自分たちに非があることは、門脇はともかく、庄司記者と鳥山記者はわかっていたはずです。

誰か一人でも「控訴はやめましょう」とは言わなかったのでしょうかね。何にも悪いことをしていない一般人を、雑誌を売るために「衝突犯」に仕立てた。その罪を2人はよくよく知っているだろうに、「もうやめましょう」とすら言えないほど門脇が恐かったのでしょうか。

裁判所での門脇の態度を見ながら、彼らがまったく反省していないことはよくわかりました。「オレたちは裁判なんて何とも思っていないぞ」「たとえ1審で負けても、控訴すればそのうち白山は根負けして訴訟を取り下げるだろう」とでも思っていたのでしょう。実際、私も妻も何度も弱気に打ちのめされたものです。

3年半にわたる裁判はいつ終わるとも知れず、とてつもなく長い時間でした。妻は「まるで霧の中を歩いているようだった。『生活の一部に裁判がある』という感じではなく、『裁判をしながら生活している』という緊張感が24時間続く」と当時を振り返ります。最高裁で決着がつくまでには、私の頭の中でも、いつ何時でも裁判のことがずっと離れませんでした。

門脇護と「週刊新潮」編集部は、事実とは正反対のフェイクニュースを流したところで、痛くもかゆくもないのでしょう。言いっぱなし。やりっぱなし。言ってしまえばこっちのもの。そう開き直っていたのでしょう。「雑誌が売れさえすれば、裁判費用や賠償金なんて経費の範囲内だ」と甘く見ていたのだと思います。

人の人生をメチャメチャに破壊しておいて、平気な顔をしている。なんて恐ろしい「ジャーナリスト」でしょうか。そんな人物が「門田隆将」と名前を変え、流行作家としてもてはやされているのですから、背筋が寒くなります。何が「作家・門田隆将」かと思いますよ。

(6) あとから謝罪してきた自民党の衆議院議員

最高裁判所で「週刊新潮」の敗訴が確定したあと、国会でこのフェイクニュースの記事を取り上げた自民党の川崎二郎議員は誤った記事を使って国会質問したことについて、私たちに謝罪の意を伝えてきました。ウソの記事をネタに使って無実の人を殺人犯扱いしたのですから、国会議員として、1人の人間として当然の務めです。

ところが門脇護や「週刊新潮」の2人の記者は、いまだにただの一言も謝罪を口にしていません。こんなインチキ記者が名前を変え、「ジャーナリスト」だの「ノンフィクション作家」だのという肩書きで本を出版している現状は、あまりにも危険です。私と同じような報道被害者がまた生まれてしまうのではないかと、心底不安になります。

聞けば門田隆将の作品は、つい最近渡辺謙と佐藤浩市主演の映画「Ｆｕｋｕｓｈｉｍａ50」になったそうです。そのほかにも彼の作品はいくつもドラマ化されていると聞きます。彼をチヤホヤしている人たちは、「門脇護」としての彼の恐ろしい本性について知らないのでしょうか。

自称・門田隆将こと門脇護に、ノンフィクション作品を書く資格なんてありません。デマ記事によって私たち家族の人生をメチャクチャにした門脇は、今すぐ筆を折って引退してもらいたい。彼は作家の風上にも置けません。出版界、言論界から今すぐ追放すべきですし、恥ずべきデマ売文屋です。（取材・２０２０年10月）

第3章

「右派論壇のヒーロー」から「ネトウヨ」への凋落《ちょうらく》

増長

1　独立後も本名で書けない理由

門脇護は在社中、数冊の書籍をすでに発刊した。神戸少年事件の被害者である土師守《はせ》の『淳』の編集制作に関わったほか、「門田隆将」のペンネームで3冊の書籍を出している。ある対談本では「現役の時に、4冊書いていました」（『日本を覆うドリーマーたちの「自己陶酔」』）と述べている。

「週刊新潮」の連載を加筆して一冊にまとめた『裁判官が日本を滅ぼす』（新潮社）を２００３年に刊行。これは取材記者数人のデータ原稿をまとめたもので、すべて自分で取材したわけではない。さらに２００５年に講談社から出した『甲子園への遺言　伝説の打撃コーチ　高畠導宏《たかばたけみちひろ》の生涯』は12万部を超えるベストセラーとなり、２００８年1月から2月にかけてＮＨＫ総合「フルスイング」としてテレビドラマ化された。まだあまり売れていなかったころの高橋克実が初主演を務め、吹石一恵などをキャストに、夏川りみが主題歌「あの花のように」を歌った。続けて『ハンカチ王子と老エース』を講談社から出した。

独立して最初の作品となったのが、２００８年新潮社から上梓した『なぜ君は絶望と闘えたのか　本村洋の３３００日』。これも14万部のベストセラーとなり、早くも翌年の大宅《おおや》壮一ノンフィクション賞候補作にノミネートされた。

当初は本名の「門脇護」の名前で執筆をやり直したい意向をもっていたようだが、出版社側から止められている。すでに「門田隆将」の名でベストセラーを出していたことに加え、門脇護という名前でネット検索すると、「週刊新潮」時代の行状が問題となっており、〝捏造ライター〟として名高い存在になっていたことも関係したと思われる。

いずれにせよ、独立後の門田の快進撃は驚くべきものだった。従来のスポーツジャンルだけでなく、戦争をテーマとする歴史物も新たなフィールドとなった。

独立後5年間で10冊以上のノンフィクションをすべて書き下ろしで上梓したのは尋常な仕事量ではない。その中の一つ、２０１０年に出版した『この命、義に捧ぐ』は同年9月、第19回山本七平賞を受賞し、同人にとって受賞がらみの出世作となった。

さらに小学館から発刊した『太平洋戦争　最後の証言』の3冊シリーズや福島第一原発事故を題材にした代表作『死の淵を見た男　吉田昌郎《まさお》と福島第一原発の五〇〇日』も含まれる。

このころの門田が相次いでノンフィクション作品を出版し、業界の中で早く認められたいとの気持ちで仕事をしていたことは明らかだ。最初の5～6年は実績づくりに余念がなかった。著作を上梓した出版社も、新潮社をはじめ、講談社、文藝春秋、集英社、小学館など、ほとんどが名のとおった大手出版社ばかりだった。本人が「出版社は全部友達だから」と豪語していたほどだ。

順調なスタートのはずだったが、最初の転機が訪れるのは2011年。前年に上梓した日航機墜落事故に関する作品『風にそよぐ墓標』をめぐる騒動だった。

取材協力してくれた相手の著作から、了解をとらずに文章の一部を無断でリライト掲載し、自分の著作として刊行したため、相手から盗用事件として民事提訴された。裁判は門田側が敗訴し、集英社から発行された書籍は裁判所により発行を禁止され、流通済みの書籍も売ってはいけないとの〝死刑宣告〟ともいえる厳しい判決が言い渡された。2013年に1審・2審の結果が出て、2015年に最高裁で確定した。それ以降、同人は集英社から本を出していない。（第1章を参照）

実はこのときの社会的制裁がより強靭《きょうじん》なものであったならば、この時点で彼の職業的生命は断たれていたはずだった。

2　吉田昌郎所長への取材秘話

話は変わるが、私が、門田隆将本人を初めてまじかに見たのは2014年11月のことである。場所は東京・九段下の靖国神社内にある施設「遊就館《ゆうしゅうかん》」。

日本の戦争責任を否定することで名高い施設の一室で、右翼団体の主催する講演会に門田は講師として呼ばれていた。右翼団体といっても、そのころすでに有名になっていた「日本会議」の母体となる「日本青年協議会」という団体の主催する集会だった。演題は「大東亜戦争を戦った日本人の気概」――。戦争作品を多く手掛けてきた門田の実績に基づく講演依頼だったと思われる。

そこで彼が話したのは、昭和の戦争とは直接関係のない福島原発に関する話ばかりだった。それまでだれもジャーナリストが取材できないでいた吉田昌郎《まさお》所長に、唯一取材を許された成功談をあけすけに語った。多くは自慢話に受け取れたが、それはそれで興味深い内容ではあった。

講演では、門田隆将事務所の社長という「妻」を名簿図書館に走らせ、吉田所長の出身高校、大学の名簿を取り寄せたという。そして吉田所長の同級生に電話して、仲のよかった人物を見つけ出し、そこから取材依頼してもらうように頼む間接的な方法を取ったと語った。

「だれでもそうですが、この人の言うことには逆らえないという人が1人や2人はいるはずです。そういう人を探し出し、複数のルートから依頼を行いました」

ある雑誌では次のように説明している。

「私は、吉田さんの幼馴染みや親友、恩師、同僚、先輩、上司……等々を訪ね、手紙を出し、さまざまなルートを辿って吉田さんにアプローチした。やがて、あるルートが吉田さんに繋《つな》がり、病床で私の手紙と著作を吉田さんが読んでくれることになった。吉田さんは、私の戦争関係の著作に関心を抱いてくれた。おそらく太平洋戦争の最前線で戦う兵士たちの思いを綴ったインタビューとドキュメントに、福島第一原発での自分たちを重ね合わせたのではないだろうか」（『ＷｉＬＬ』２０１３年９月号）

こうも書いている。

「一年三カ月にわたって吉田所長にアプローチしました。吉田さんは現場の責任者であり執行役員ですから、彼を説得できたら、現場の人たちへの取材はＯＫになるとわかっていました。ですから、吉田所長を説得することに賭けたんです。彼の親友や上司など、十本以上のルートを構築して働きかけ、ようやく取材に応じていただいた。そうしたら、あとは一気、でした。吉田さんが取材に応じてくれたことで、現場の誰もが気持ちよく取材に応じてくれることになりました」（『本の旅人』２０１４年４月号）

門田が週刊新潮時代に培ったと見られる方法論が、ある形で結実したようだった。

その結果、90人を超える広範な所員らへの取材が可能になったという。こうした行動力は評価できる点ではあろう。

3 朝日新聞を叩いて右派論壇のヒーローに

2度目の転機は、2014年5月、朝日新聞が政府作成の吉田所長の調書を入手し、1面トップでスクープした記事が発端となる。

朝日新聞の特別報道部の記者たちがスクープしたいわゆる吉田調書報道は、それまで政府が隠していた重要文書を世の明るみに出したという点で画期的な報道となった。ただし当該記事の見出しについては、その後、大きく問題化した。吉田所長の命令に反し、多くの職員が現場から〝逃亡した〟と読める見出しをあえて立てたからだ。

このスクープ記事に真っ向から異論を唱えたのが唯一、吉田所長に詳細な取材を行い、書籍化していた門田だった。

朝日記事が出た時点では台湾で別件取材を行っていたという門田は、帰国後の5月30日、まず自身のブログで朝日記事が誤報であることを指摘。さらに小学館発行の「週刊ポスト」で告発記

▼**朝日に反論した「週刊ポスト」掲載記事**（2014年6月20日号）

事を掲載した。その結果、朝日新聞社から謝罪がなければ訴えるとの内容証明を送り付けられることになった。

この一件は当時の首相官邸筋（安倍政権）から他の新聞社にも吉田調書がリークされたとされ、産経や読売などの同業他紙や「週刊文春」などの週刊誌からも朝日が徹底的に批判を加えられて包囲網を形成されることにつながった。こうして朝日は「四面楚歌《そか》」状態に陥る。

8月になると朝日は過去の慰安婦報道に関する検証記事を掲載し、吉田調書問題だけでなく、慰安婦問題においても非難を浴びるダブルパンチの状況を作り出した。当時の経営陣の判断ミスといえばそれまでだろう。

さらに同社社長が池上彰《あきら》の連載コラムを掲

載拒否したことで、3つめのオウンゴールを放つ結果となった。これら〝三重苦〟のもとで、闘う気力を失った同社幹部らは、「白旗」を掲げる。

木村伊量《ただかず》社長が記者会見し、吉田調書報道について全面的に謝罪、頭を垂れた。門田に脅迫めいた内容証明を送付したことについても、文書を撤回し、謝罪した。

門田らは〝池に落ちた犬〟と化した朝日新聞に対し、盟友の櫻井よしこととともに「廃刊」を求める声を上げ始めた。筆者の記憶に残る限り、このとき朝日新聞に廃刊を求めた言論人は、櫻井よしこと門田隆将の2人くらいだろう。その上で門田は「朝日新聞社長の国会招致」にまで論及した。

門田はこうした経緯から、右派論壇において一躍「時の人」に押し上げられた。彼らからすれば憎っくき権威とも見えていた朝日新聞を完膚《かんぷ》なきまでに叩きのめした〝ペンの勇者〟として脚光を浴びることにつながった。

右派論壇誌の『ＷｉＬＬ』ではすでに２０１２年２月号から「事件の現場から」と題する連載コラムを始めていた。この媒体から『Ｈａｎａｄａ』が独立すると、同誌でも２０１６年６月号から「現場をゆく」という似たような連載コラムを始めた。月刊『正論』などにも頻繁に記事を寄稿するかたわら、産経新聞でも「新聞に喝！」というコラムの連載を２０１４年10月から月１回のペースで開始した（産経コラムは２０２１年３月に終了）。

こつこつと自らのノンフィクションを単行本の形で発表してきた門田はこの時期を契機に、仕事の色合いが変化する。〝右旋回〟を鮮明にしたイデオロギー的な主張がめっきり増えたからだ。

２０１４年以降、彼のノンフィクションを執筆する速度は格段に遅くなった。それ以降に発表した作品で、大きく売れた作品、本質的に注目される作品はほぼなくなったともいえる。

かわりに右派仲間と二人三脚でつくった対談本など、地道な取材というよりは、自らの話力で補えるお手軽なタイプの出版が増え、ノンフィクションの書き手としては安易な方向へと流れた。

特に産経新聞の連載記事を1冊にまとめた『新聞という病』を産経新聞出版から発刊した２０１９年、自ら門田隆将名義のツイッターアカウントを開設し、毎日数本の短文発信を始めた。そのことにより、イデオロギー丸出しの傾向はより一層強くなった。

4　ネトウヨに変質した流行作家

ツイッターでの発信開始とともに、右派ネット番組の出演も頻度を増した。櫻井よしこの主宰する「言論テレビ」、ＤＨＣ系列の「虎ノ門ニュース」、さらに「文化人放送局」や百田尚樹の主宰する「百田チャンネル」。これらは作家として著書を宣伝するために活用できるメリットはあったものの、ノンフィクションの取材執筆を中心とした地道な仕事ぶりからはお手軽な方向に転じたと見られても的外れではない。

最近注目されたノンフィクション作品は、2020年に発刊された『疫病2020』くらいだが、時期物として10万部以上売れはしたものの、作品の質としてはあまり評価できる出来栄《ば》えではなかった。

特にツイッターの日常的な活用は、彼の脳内に占めるテーマ性を変質させてしまったようだ。SNSの仕組みから来るものとして、フォロワー数を獲得することが自己目的化し、発信するツイートの中身について、真実性の確認などにいい加減なものが目立つようになった。

アメリカ大統領選挙における「陰謀論」への加担などはその最たるものだったといえる。その前後にも日本学術会議問題に関するデマ

▼右派ネット番組で発言する門田（虎ノ門ニュース、2020年9月）

発信など、お粗末な情報確認の態度は関係者には明らかな変化と映った。

門田のツイッターが嘘だらけの代物であることは後述する。ここで門田のノンフィクション作品を一覧してみよう。ここで記載するのは単行本のみで、文庫本や対談本は除外した。

◎門田隆将のノンフィクション作品

①『裁判官が日本を滅ぼす』新潮社　2003年
②『甲子園への遺言　伝説の打撃コーチ　高畠導宏の生涯』講談社　2005年
③『ハンカチ王子と老エース　奇跡を生んだ早実野球部一〇〇年物語』講談社　2006年
④『なぜ君は絶望と闘えたのか　本村洋の3300日』新潮社　2008年
⑤『神宮の奇跡』講談社　2008年
⑥『康子十九歳　戦渦の日記』文藝春秋　2009年
⑦『この命、義に捧ぐ　台湾を救った陸軍中将根本博の奇跡』集英社　2010年
⑧『あの一瞬　アスリートはなぜ「奇跡」を起こすのか』新潮社　2010年
⑨『風にそよぐ墓標　父と息子の日航機墜落事故』集英社　2010年
⑩『蒼海に消ゆ　祖国アメリカへ特攻した海軍少尉「松藤大治」の生涯』集英社

2011年
⑪『太平洋戦争　最後の証言　第1部　零戦・特攻編』小学館　2011年
⑫『太平洋戦争　最後の証言　第2部　陸軍玉砕編』小学館　2011年
⑬『太平洋戦争　最後の証言　第3部　大和沈没編』小学館　2012年
⑭『死の淵を見た男　吉田昌郎と福島第一原発の五〇〇日』PHP研究所　2012年
⑮『狼の牙を折れ　史上最大の爆破テロに挑んだ警視庁公安部』小学館　2013年
⑯『記者たちは海に向かった　津波と放射能と福島民友新聞』角川書店　2014年
⑰『慟哭《どうこく》の海峡』角川書店　2014年
⑱『「吉田調書」を読み解く　朝日誤報事件と現場の真実』PHP研究所　2014年
⑲『吉田昌郎と福島フィフティ』PHP研究所　2015年
⑳『日本、遥かなり　エルトゥールルの「奇跡」と邦人救出の「迷走」』PHP研究所
2015年
㉑『リーダーの本義』日経BP社　2016年
㉒『汝、ふたつの故国に殉ず　台湾で「英雄」となったある日本人の物語』角川書店
2016年
㉓『奇跡の歌　戦争と望郷とペギー葉山』小学館　2017年

㉔『敗れても敗れても　東大野球部「百年」の奮戦』中央公論新社　2018年

㉕『オウム死刑囚 魂の遍歴　井上嘉浩《よしひろ》 すべての罪はわが身にあり』PHP研究所　2018年

㉖『疫病2020』産経新聞出版　2020年

当初は順調に作品を発表したものの、前述のように近年はより労力の少ない対談本や論評物ばかりがめだつ。「盗用」問題で訴えられ、人の文章を自在に〝盗用〟することができなくなったせいだろうか。そうした制約が文章のリアリティを減じ、同人のノンフィクションが売れなくなった面もあったかもしれない。

門田本を原作とし、2020年3月に封切りされた映画『Ｆｕｋｕｓｈｉｍａ50』は、通常なら大ヒットが見込まれたはずだった。日本を代表する俳優ともいえる渡辺謙と佐藤浩市の2人が出演し、福島第一原発事故直後の原発内の様子を描いた作品だったが、上映時期がコロナ禍と重なり、興行収入としては大きな打撃を受けた。

繰り返すが、門田の仕事でイデオロギー色が強くなったのは、ツィッターを始めた行動に加え、ネット右派番組の出演が増えたことが関係している。地上波テレビの番組と異なり、ネット番組内で語る内容にはタブーが少なく、右派系統の似通った思想傾向の仲間たちと共演するため、そこで共有される話がそのままファクトであるかのように錯覚し、フィクションとノンフィクションの境目が薄れているようにも見える。

現在、門田は「ジャーナリスト」と「ノンフィクション作家」の2つの肩書きを使い分けているが、ある場合は「作家」と2文字だけで紹介されることもある。だがその実態は〝著名なネトウヨ〟といった要素が顕著だ。

5　大宅賞を取れないままの作家

小説家にとっての登竜門は芥川賞とされる。一方、ノンフィクションの世界では大宅壮一ノンフィクション賞がそれに該当する。門田は独立後これまで4回にわたり、自身の作品が大宅賞候補作としてノミネートされた。右寄りの山本七平賞の受賞はあっても、これまで大宅賞を受賞した経験はない。

最初のチャンスは独立後、満を持して出版した『なぜ君は絶望と闘えたのか　本村洋の3300日』（新潮社）で訪れた。このとき第40回大宅賞受賞作は『キャパになれなかったカメラマン』に決まったが、門田の作品とともに2作品を同時受賞させようとの動きもあった。

実際、ノンフィクションの大家である柳田邦男は門田の作品を「圧巻」という言葉で表現し、別の選考委員からも「文章も秀逸」「労作」と評価の声が相次いだ。だがそれまで予定調和的に2作受賞が続いてきた慣行に対し、このときは1作品に絞ってはどうかとの声が出て、結果的に門田の作品は選考から洩《も》れている（『文藝春秋』２００９年6月号）。

当時門田は50歳で候補者の中では最年少。「精力的に佳作を発表しているので今後、チャンスはいくらでも」あるとの意見が強かった。

実際、次のチャンスは翌年の第41回大宅賞ですぐに巡ってきた。初めて歴史ノンフィクションに挑戦した作品『康子十九歳　戦渦の日記』（文藝春秋）が候補作にノミネートされた。ただしこのときは最終選考には残らなかった。

3回目の正直は、第44回大宅賞で訪れた。代表作ともいえる『死の淵を見た男　吉田昌郎と福島第一原発の五〇〇日』（ＰＨＰ研究所）がノミネートされたが、結果として受賞したのは同じ福島原発事故を扱った『カウントダウン・メルトダウン』のほうだった。元朝日新聞主筆・船橋洋一の手による作品である。2つの作品を比較した選考委員の柳田邦男は次のように語っている。

「戦史に譬《たと》えるなら、前者（※『カウントダウン・メルトダウン』）は日米戦争における東京とワシントンの動きを主軸に太平洋上空から戦局を俯瞰《ふかん》した全体ドキュメントであり、後者（※『死の淵を見た男』）は兵站《へいたん》を断たれた主戦場で死闘を続けた将兵たちの苛烈な硫黄島《いおうじま》戦記と言える」

このときも2作同時受賞を求める声が複数出たというが、「圧倒的なパワーを持った作品があるときは、2作受賞にせず、単独受賞とすべき」といった正論が出て、船橋の単独受賞になった経緯がある。

実際、選考委員の立花隆の評価でも、門田の作品は船橋の作品に比べ、取材力、構成力、視野の広さといった観点から「あまりに大きな差」があり、「比較の対象にならなかった」という。逆にいえば、船橋の作品が出品されていなかったら、門田が受賞した可能性はあった。これは2013年の出来事であり、朝日新聞記者に敗れたこのときの悔しさが、翌年の異常とも思える朝日攻撃に傾斜した一因になった可能性すらある。

4回目のチャンスは、大宅壮一ノンフィクション賞が書籍だけでなく、雑誌記事も選考対象に加えられる試みが行われた中、門田が『週刊ポスト』に発表した記事「朝日新聞『吉田調書』スクープは従軍慰安婦虚報と同じだ」がノミネートされた際だ（第46回）。このときは箸《はし》にも棒にもかからずに終わっている。

文壇における賞の獲得は、単なる実力というより、その人のもつ運が大きく左右するといわれる。門田の場合は最初に大きなチャンスが巡ってきたものの、それを獲得する運に恵まれていなかった。一方で同じ「週刊新潮」出身のライバルといえる森功《もりいさお》のほうが、先に大宅賞を受賞する結果となっている。

6　森功と対照的な歩み

門田と同じく「週刊新潮」から独立してジャーナリストとして仕事をする人物に森功がいる。古巣では経済物の担当が長かったが、客観的にみて、独立後の森と門田はこれまで競い合うように仕事をしてきた。

もっとも森は権力批判というジャーナリズムの基本ラインを堅持し、首相官邸関係者を取材しながらも、安倍前政権を真正面から批判する言論活動を続けた。

加計《かけ》学園問題を扱った『悪だくみ　「加計学園」の悲願を叶えた総理の欺瞞《ぎまん》』（文藝春秋）はノンフィクション界の最高栄誉である大宅壮一メモリアル日本ノンフィクション大賞を受賞。ほかにも『官邸官僚　安倍一強を支えた側近政治の罪』（文藝春秋）、『総理の影　菅義偉《すがよしひで》の正体』（小学館）など多くの硬派作品で知られる。ヤメ検弁護士・田中森一の生涯を描いたノンフィクションや地面師をテーマにした作品もある。

一方で門田は、安倍前首相と直接面会した事実を著作やネット番組で吹聴《ふいちょう》し、政治権力と一体化した与党的な言動を繰り返した。いわゆる〝アクセス・ジャーナリズム〟と評されるもので、ジャーナリストと称しながら、権力と近すぎる行動が歴然としていた。

同じ編集部の出身ながら、権力に対するスタンスがこれほど対照的な2人も珍しい。前述のとおり、門田は「ネトウヨ」のレッテルを貼られても違和感はないが、森にそうした要素は皆無だ。

7　ツイッター発信を始める

「令和の御代を迎えて、遅ればせながらツイッターを始めることになりました。昭和、平成、令和という3代の御代を生きる強みを生かしたツイートを心掛けます。皆さま、よろしくお願い致します」(2019年5月17日)

門田がSNSの一つである短文発信サイト「ツイッター」のアカウントを「門田隆将」の名で開設したのは2019年5月。同じ月に産経新聞出版から新書サイズの本『新聞という病』を出版したタイミングに合わせての行動だった。その反響の大きさを次のように語っている。

「まだ始めて間もないですが、その拡散力には驚かされます。自分のツイートを何人が見たかわかるのですが、ツイートによっては百万人近くが見てくれていることもあります。下手をすると新聞や雑誌に書くよりも影響力があるのではないか、とすら思えます」（『Ｈａｎａｄａ』２０１９年８月号）

それまでは地道に1冊ずつノンフィクションを仕上げていく姿勢だったのが、このころから極端な政治的主張や思想的な持論を声高に発信していくスタイルに様変わりする。

独立して10年余り。すでに30冊近いノンフィクション作品を発表していた段階で、趣向を変えて再スタートしようとしたのが真相に近かったかもしれない。

開設後ツイッターのフォロワー数は順調に増加し、2年もたたずに30万近いフォロワー数を獲得している（２０２１年4月現在）。同人の発信内容は、正確な事実を発信するというより、フォロワー数の増加を狙ってセンセーショナルに〝煽り立てる〟傾向が顕著だ。「ファクト」の提示を中心とするジャーナリストの活動としては自らの経歴に日々傷をつける〝自損行為〟にも映る。右派勢力の主要な書き手の一人として認知され、その中で求められる役割を果たす中で、プロパガンダの道具の一つとして活用している側面が大きい。

門田ツイッターの特徴は、物事を善悪で二分化し、さらに一方を味方、一方を敵と切り分けて断罪する手法が顕著だ。攻撃対象への憎悪を煽ることを主な目的としているかのように、「属国」

「ひれ伏す」「舐《な》められるな」「媚《こ》びる」「毅然とせよ」などといった情緒に訴える強い表現が多用される。韓国に対しても「嫌韓《けんかん》」「反韓」を越え、「媚韓《びかん》勢力」といった言葉が使われる。敵と味方に分けて、敵を攻撃することで支持を得るスタイルは、アメリカのトランプ前大統領の手法をそのまま真似たものともいえる。

門田がジャーナリストの山口敬之《のりゆき》などの著作から借りて使用したと思われる言葉に「内なる敵」がある。ツイッターを開始した当初からこの言葉は使われ、初めのころは「反日勢力」の意味で使われていた。だが日を経るにつれ、「内なる敵」の対象は「朝日新聞」と名指しされ、さらに「毎日新聞」「NHK」が加わり、政党では「特定野党」が追加された。「特定野党」とは現在の立憲民主党・日本共産党・社会民主党を指す。さらに矛先《ほこさき》は野党だけでなく与党にも向かった。敵基地攻撃論に慎重な行動をあげつらい、公明党も「内なる敵」の対象に加えられた。

その結果、門田の主張する「内なる敵」は、朝日新聞、毎日新聞、NHK、公明党、立憲民主党、社民党、共産党などを指すものとなっている。

門田は自身のツイッターで公明党に対して「日本人の命の敵」(2020年6月26日)と批判し、「与党内にさえ内なる敵がいる」(同年7月12日)、「与党から去りなさい」(同年9月6日)などと檄《げき》するように書いたこともある。

これらの言葉は、彼にとっての「外なる敵」である中国、韓国、北朝鮮と一対となった言葉と受けとめられる。

一方で、韓国に対する侮蔑《ぶべつ》表現もすさまじい。特徴として〝非核3原則〟をもじった「非韓3原則」なる語句を多用してきた。具体的には「助けない」「教えない」「関わらない」を意味し、もとは産経新聞の1面コラム（2019年7月6日）で紹介され、それを門田が〝援用〟しているものだ。

韓国は日本の隣国であり、地域住民に当てはめれば隣人に該当する。もし自分の近隣住民に対し、公然と「助けない」「教えない」「関わらない」との姿勢を示したとすればどうなるだろうか。およそ友好とはほど遠いいびつな地域社会が出来上がることは明らかだ。

彼の脳内には「善」か「悪」か、さらに「味方」か「敵」かの2分類しかないように見える。極めて単細胞的な物事の捉え方にほかならない。

ツイッターという限られた字数で何らかのメッセージを伝えなければならない制約を意識してのものかもしれないが、そうした事情を差し引いたとしても、これまでのツイートを精査する限り、そこから浮き上がるのは、「自分だけが正しく、日本人は素晴らしい民族」といった偏った思考そのものだ。

8　愛知県知事リコール署名を扇動する

門田がツイッターを始めて頻繁に取り上げたテーマの一つに、愛知県で開催された国際芸術祭「あいちトリエンナーレ２０１９」の企画展「表現の不自由展・その後」がある。２０１９年８月には自分で現場に足を運び、昭和天皇を批判的に扱った作品や慰安婦少女像などの展示を現認し、〝反日展示〟などと断定し、〝ペンをもった右翼活動家〟さながらの発信を繰り返してきた。

同年９月の段階でリコール署名活動を行うべきことを具体的に提案したのも門田だった。そのうえで河村たかし名古屋市長と対談し、自らの主張を反映した原稿（『Ｈａｎａｄａ』２０１９年10月号・12月号）が掲載された『Ｈａｎａｄａ』特別号も発売された。この問題で門田はプロパガンダ活動の中心者として振る舞っている。事実、２０１９年12月号に掲載された河村市長との対談では次のように語っている（ゴシック強調は筆者）。

「**大村知事**（※愛知県知事）**をこのまま放っておくわけにもいかない**でしょう。私がツイッターで『愛知県民は大村知事のリコール署名を始めるべきだ』と書いたところ、名古屋市民の方で賛同してくださる方が少なからずいました」（『Ｈａｎａｄａ』２０１９年12月号）

ジャーナリストの門田は、行政の長である河村市長の尻を〝直接〟叩いている。まるで〝活動家〟そのものの姿だ。署名運動期間中も活動を煽るこの種のツイートを連発し、「日本で新たな民主主義が始まる」（２０２０年８月24日）などと叫んだ。つまり大村知事リコールこそ民主主義そのものの行動であり、正義であると振りかざしたわけである。最後は「７万人の受任者が１人15人の署名を集めれば勝利する」（同年10月１日）などと規定数の署名を集めるノウハウまで事細かに〝指南〟するほどの熱の入れようだった。

ところが肝心の署名活動の成果は43万人分しか集まらず、目標の半分で終わった。さらにこの署名には尾ひれが付いた。

12月４日に東海テレビが、多くは同一人物による記載と思われる署名で２人で３００人分を偽造した署名もあったと報じた。読売新聞も「高須克弥院長らの知事リコール運動『署名７～８割が偽造だろう』…請求代表者ら」と題する記事を掲載（読売オンライン、12月６日）。地元ブロック紙も、実際は署名していない県内の市長や市議会議員の名前複数が無断で使用された事実を報じ、県警への刑事告発も検討されている旨の報道を行った（中日新聞、12月22日）

県選挙管理委員会が署名の提出があった県内64選管のうち14の選管の署名を調べたところ、署名の８割以上が選挙人名簿に登録されていない人物や、同一人物の筆跡と疑われる署名があった

▼門田が愛知県知事リコール運動をペンで焚きつけた証拠

▼署名は佐賀市で大量偽造されていた（中日新聞・2021年2月16日）

ことが明らかになった（共同通信、12月28日）。最終的に愛知県選挙管理委員会は、署名の全体の8割を無効・不正と認定した。計算上は、実際に集まったのは規定数の1～2割程度の署名にすぎなかったことになる。

2021年2月、同選管は被疑者不詳のまま地方自治法違反の疑いで愛知県警に刑事告発する事態へと発展した。さらに2月16日には中日新聞と西日本新聞がスクープ記事を1面トップで同時掲載。署名の多くが遠く佐賀市内の会議室でアルバイトを雇って〝偽造〟されたものだったことが明らかになった。事実なられっきとした犯罪行為である。

大村愛知県知事をリコールすると称して始められた署名運動は、門田がツイートしたような〝新たな民主主義〟が始まるどころか、民主主義を〝破壊する結果〟につながった。この間の経緯を示す門田のツイートを見てみよう（ゴシック強調は筆者）。

◆**話題の「あいちトリエンナーレ」に行ってきた**。長蛇の列の少女像コーナーだけが芸術に名を借りた韓国と日本の〝内なる敵〟共同の政治宣伝の場となっていた。未だに強制連行や、女子挺身隊を慰安婦だと信じ込んでいる人たち。彼らが史実に向き合う日は永遠に「来ない」ことを確信させてくれる展示だった。2019年8月3日

◆愛知県民は地方自治法第81条と84条に基づき大村知事のリコール署名を始めるべきだろう。知事は昭和天皇の肖像をバーナーで焼き、燃えかすを足で踏みつける等の作品に税金を投入。文化庁の7800万円も不交付となり県民負担は増加。不当な公金支出には声を挙げなければならない。2019年9月26日

◆**『大村知事リコール！Ｈａｎａｄａ特別号』が発売になった。**昨年8月の私の「表現の不自由展」ルポ、それを踏まえての河村たかし名古屋市長との対談も掲載されている。改めて読み返すと「愛知の納税者はこんな知事を許せるのだろうか」と感じる。25日から署名開始。期限は2か月だ。2020年8月13日

◆炎暑の中、病をおして高須院長の戦いが続く。**「3万人」が10名連記で3枚、つまり「30人」ずつ署名を集めれば「計90万人」。目標をクリアできる。不可能な数字ではない。**投票用紙が送られて来てから**短期で決着を。**自治体首長は税金の真の〝重み〟を知って欲しい。そして納税者も。8月28日

◆昭和天皇の顔を損壊し、バーナーで焼き、足で踏みつけ、戦死した先人を貶《おとし》める…等の作

品群を県民の税金を使って展示した事に「表現の自由だ」と言ってのけ反省もなく胸を張る大村知事。現在リコール受任者7万人の手元には30人署名可能な用紙がある。**1人15人集めればこの戦いに勝てる。頑張れ愛知県民！**　9月30日

◆86万5000人という不可能の壁に挑んだ高須院長の大村知事リコール公開開票。明朝までに全ての集計を行い、明日「30台の車に積んで各地区の選挙管理委員会に提出します」と。多くの人々の努力で集まった尊い署名簿。これを無視し続けたマスコミへの痛打となるか。**民主主義の新たな夜明け**になって欲しい。11月3日

◆公金で日本人の心を傷つける者には今後も全国の日本人が黙っていない、と瀬尾友子氏。僅《わず》か2か月で鳥取県人口の8割の署名を集めた**高須院長と仲間達の偉業は歴史に残る。**〝蔑《さげす》まされても黙っている時代〟は終わり、納税者も目覚めたのだ。心ある国民を感動させた闘いぶりは見事。更なる飛躍を待っています。11月9日

繰り返すが、門田が「偉業は歴史に残る」と大口を叩いた署名は、実際は全体の8割以上が「不正」で占められていた。そうした実態が明らかになっても、活動を提案した門田本人はなん

ら責任をとろうともしなかった。逆に次のように根拠のない疑惑を持ち出して開き直る始末だった。

◆大村知事リコールの名古屋市での署名で〝8割が不正だった〟と盛んに喧伝されている。元々、住所記述で〝の〟を〝〟と書いただけで弾かれる署名。これを無効でなく〝不正〟と書くのは正しいのか。また**特定勢力が味方を装ってスパイを送り込み、故意に大量の不正署名をした可能性**も囁《ささや》かれている。徹底究明を。2021年2月1日

◆リコール署名43万5千の8割超に不正ありとされる件は事実なら民主主義の根幹問題。刑訴法だけでなく地方自治法違反で告発を。〝無効〟なのか〝不正〟なのか、不正が本当なら誰が何の目的でどんな手段で行ったのか、また犯人が存在するなら背景は何か。様々な情報が交錯中だが、何より重要なのは真相究明だ。2月2日

◆仮に36万2千筆の90%が同一人物の不正署名なら約32万5千筆を1人で書き続けた事になる。住所、氏名、生年月日、捺印《なついん》まで1人に1分かけ、24時間ぶっ通しで続けても226日、1人30秒でやったとしても113日要する。1人が11万筆署名との話もあるが、それでも76

日。記者は選管の話に〝疑問〟を抱かないのだろうか。2月2日

◆リコール第2幕の徹底解明ポイントは**リコール運動事務局に送り込まれた〝ある人物〟**にある。「リコール成立阻止」の為に入っていたと思われる人物。警察とマスコミはその背後にいる〝大元〟に辿り着いて欲しい。いかに**高須氏の奮闘に恐れ慄《おのの》いた勢力**がいたか分る。上辺《うわべ》だけの捜査や報道で終らず真実究明を。2月3日

◆リコール運動の中にいかに**敵陣営の人間が入り込んでいた**かは**高須院長がどれほど巨大な敵と闘ったかの証明**でもある。死んでいった先人を貶める作品群への税金投入に多くの人が〝ノー〟を突きつけ私の友人も誇りを以て署名させて頂きました。**敵陣営**がどんな手を使ったのかじっくり見させてもらいましょう。2月3日

◆昨日の高須院長&事務局の会見で当初から大量の偽造の署名用紙が出回っていた事が明かされた。**あとで偽造用紙の混入によって打撃を受けるのはどちら側か。**選管がなぜあんな発表をしたのか、選管が〝無効票〟と表現したのになぜマスコミが〝不正〟と書くのか等々、徹底解明が必要。2月5日

◆昭和天皇の肖像をバーナーで焼いたり、戦死した先人を揶揄《やゆ》する日本への〝ヘイト作品群〟への「税金投入」に真っ向から異を唱えた高須院長。寝食を忘れた大村知事リコール運動に**敵陣営の人間が紛れ込み、様々な工作をしていた疑惑**が浮上している。運動の裏でどんな事があったのか。真相究明が待たれる。2月10日

「高須院長の偉業は歴史に残る」と書きながら、証拠もなく「敵陣営がスパイとして入り込み、不正を行った」旨のツイートを繰り返している。

門田は自分で取材もしないまま、空想でツイートを重ね、結果的に、高須院長らに騙される結果となった。取材者としてはお粗末極まりない。見事なまでの「墓穴」である。

本人の著書によると、「自分に都合の悪い意見には全部シャッターを閉じて、耳に入れない」(『日本を覆うドリーマーたちの「自己陶酔」』)態度を〝自己陶酔型シャッター症候群〟と名づけている。だが、そのように提唱した自分自身が不都合な指摘には耳を傾けず、自分の見たいように物事を見る〝自己陶酔型シャッター症候群〟そのものの姿だったといえる。

一方で同じ時期、海のかなたのアメリカ大統領選挙については、門田は後述するように、トランプ陣営に踊らされる形で、「不正選挙」を盛んに煽り立て、日本のネット民を混乱させ続け、

これも大きな「墓穴」を掘ることにつながる。

9　金の成る木にしがみつく出版社

２０２０年12月、門田は産経新聞の「正論」執筆陣に加えられた。その際に紹介された略歴を転載する。

「作家、ジャーナリスト。中央大学法学部卒。新潮社に入り、『週刊新潮』デスクなどを経て、平成20年独立。代表作に山口県光市母子殺害事件遺族を描いた『なぜ君は絶望と闘えたのか――本村洋の３３００日』『死の淵を見た男　吉田昌郎と福島第一原発の五〇〇日』『疫病２０２０』など著書多数。『この命、義に捧ぐ　台湾を救った陸軍中将根本博の奇跡』で山本七平賞。62歳」

既述のとおり、門田隆将がこれまで発表してきたノンフィクション作品は、ほぼすべて大手出版社から上梓されてきた。それを可能としたのは、「週刊新潮」時代に培った同業他社の編集者との交友関係にあった。

当初は、新潮社、講談社、文藝春秋、さらに集英社から盛んに本を出していたが、盗用をめぐる裁判沙汰が原因で集英社との関係が途切れ、その後は、小学館やPHP出版社、角川書店、最近は産経新聞出版などが増えている。

当方の知る限り、同人の著作で10万部を突破したものは以下の4点とされる。

『甲子園への遺言　伝説の打撃コーチ高畠導宏の生涯』講談社　2005年
『なぜ君は絶望と闘えたのか――本村洋の3300日』新潮社　2008年
『新聞という病』産経新聞出版　2019年
『疫病2020』産経新聞出版　2020年

単行本については当初の大手出版社から、少しずつ右派系列の出版社に寄ってきた傾向がある。さらに文庫本については、新潮文庫（2冊）、文春文庫（1冊）、小学館文庫（1冊）、講談社文庫（2冊）と各社に版権が散らばっているものの、角川文庫（10冊）が最大の比重を占める。

「週刊文春」の名物編集長といわれ、「アウシュビッツにガス室はなかった」との問題記事で文藝春秋社を追われた花田紀凱《かずよし》が指摘するとおり、門田は「なにより文章がうまい」と評されてきた。一方で、週刊誌記者時代から札付きの人権侵害記者として名をはせ、独立後も他人の著作を

〝盗用〟して最高裁に断罪されるなどしてきた。ごく最近もさまざまなデマを拡散しては、日本の多くの人びとを惑わせている現実がある。

とうの昔に筆を折っているべきはずの人間が、職業人として生きながらえることができているのは、いまも金のために〝疑惑まみれ〟の作家を使い続ける出版社が存在するからだ。出版不況が続く中、売れる本を書く作家は〝金の成る木〟にほかならない。言論・出版に関わる業界のモラルが問われている。

第4章

扇動

「デマ屋」が放ったアメリカ大統領選挙の無数のデマ

1　アメリカ大統領選挙で見せたデマ大醜態

門田のデマ体質が象徴的に顕在化したのが、2020年11月3日に行われたアメリカ大統領選挙だった。共産国中国に厳しい態度をとるトランプ前大統領に心酔した門田は、日本のジャーナリストの木村太郎の予測などに従いトランプ勝利をつゆも疑わず、結果も確定していない段階でトランプ自身がフライングの勝利宣言をすると、ツイッターで〝追随〟した。トランプ陣営の主張をあたかも〝真実〟であるかのように、裏付けもとらないままに日本向けに発信した。

投票所で投票された集計だけを見ると優勢に見えたトランプ陣営だったが、期日前投票や郵便投票を加えるとバイデン候補に逆転される州が相次ぎ、その結果をみて、トランプ大統領や同陣営は盛んに「不正選挙」を口にし始める。その中心的な柱となったのが、ドミニオン社などの投票集計機器の不正操作による疑惑を訴えるものだった。発信の元となったのはトランプの個人弁護士であるルドルフ・ジュリアーニ、トランプ陣営の代理人を務めたシドニー・パウエル（女性）、リン・ウッドといった高額の報酬で雇われた弁護士たちだった。

トランプ陣営は不正選挙を強調することでゆうに260億円を超える政治資金を調達したが、この資金の多くはトランプのその後の他の政治活動に使えるカラクリとなっていた。アメリカの支持者はトランプらの煽りに応じて多くの金を巻き上げられたことになる。

門田はこうしたトランプ陣営の主張を鵜呑《うの》みにした。同年11月下旬に発売された雑誌で門田は次のように煽っている。

「バイデン氏が史上最多の『7818万票』という〝あり得ない数字〟を獲得（11月18日時点）し、大統領選に勝利したことになっている」（『WiLL』2021年1月号）

「これまでの最多は2008年、初の黒人大統領となったオバマ氏獲得の6949万票だ。なんと、それを900万票も上回る〝あり得ない数字〟だったのだ。『何かがある』ことは間違いない」（『Hanada』2021年1月号）

トランプ大統領が高額な報酬で雇ったトランプ弁護団は、ドミニオンという集計機器の会社に民主党の議員がからんでおり、最初から組織的に小細工を仕組んでいたかのように主張した。接戦となる州で次々に訴訟を起こし、「不正選挙」の主張を強めた。だが記者会見などでは「不正選挙」を口にするものの、不思議なことに偽証罪を問われる法廷の場では、同様の主張を行わず、具体的に根拠を示すこともなかった。

トランプ弁護団の中心の一人、元ニューヨーク市長として知られるジュリアーニ弁護士の1日あたりの報酬は2万ドル（200万円超）にのぼるともいわれた（日本経済新聞2021年1月17日）。ドミニオン社は選挙後2021年1月に入って、彼らが虚偽の攻撃をしたとして、ジュリアーニ弁護士、パウエル弁護士を相手取りそれぞれに13億ドル（約1400億円）の損害賠償を求める巨額の訴訟を提起。事実無根の印象操作に加担した者たちにも謝罪させている。

また別の大手投票集計機メーカーのスマートマティック社も同年2月4日、トランプ寄りの報道を続けたFOXニュースと同局の司会者らをはじめ、ジュリアーニ弁護士、パウエル弁護士らに27億ドル（約2800億円）の巨額の損害賠償を求める訴えを起こす事態に発展した（産経新聞2月8日付）。これを受け、FOXニュース側は問題のあった番組の継続を終了させるなど、非を認める対応をとり始めた。

もともとトランプ陣営が選挙の不正を訴えて仕掛けた裁判は60件以上にのぼったが、州レベルの裁判所で次々と訴えを退けられ、バイデン勝利の結果が揺らいだ州は一つもなかった。著名な国際政治学者で、世界の政治リスク分析に定評のあるユーラシア・グループの設立者（実業家）としても知られるイアン・ブレマー博士は「トランプ後の世界」というテーマで読売新聞に登場し、次のように語っている。

「新型コロナの大流行がなければ、トランプ氏が勝利していたでしょう。はっきりさせておきますが、『大統領選は横取りされた』『いかさまだ』というトランプ氏の主張は大うそで、証拠は一切ありません」（2020年11月29日）

だがトランプの〝大うそ〟を延々と取り上げ、拡散した右派文化人がなぜか日本には大勢いた。門田隆将はその中心的な一人だった。彼がツイートした件数は200件を優に超える。単純にフォロワー数で換算しても延べ6000万人以上に発信された計算になり、リツイートされた分を加えると、日本の人口をはるかに超える延べ数億人が読んだものと推測される。

トランプ弁護団の中心であったシドニー・パウエルという女性弁護士は11月下旬に行われた記者会見で、投票の不正に、中国、ベネズエラ、キューバなどの社会主義国が関わったと具体的に国名をあげて糾弾してみせた。彼女がトランプ弁護団から事実上解任されたのは、それから数日後のことだ。

ドミニオンによる集票の不正操作、これはトランプ陣営の発した〝戯《ざ》れ言〟にすぎなかった。根拠のないデマを、金で雇われた弁護士たちが、平然と流し続けたにすぎなかった。これをそのまま信じこんだのが、門田だった。

門田は、彼女の解任後も、パウエルの主張をしばしばツイッターなどで好意的に取り上げ、不正解明への期待を呼びかけている。既述のように彼女はその後、ドミニオン社などから高額の賠償請求を求めて訴えられ、大きな代償を支払う羽目になりそうだ。

2　投票集計機のデマを延べ500万人に発信

門田のツイッターにおけるお粗末さはとても「ジャーナリスト」と呼べるレベルの行動ではなかった。要するに、自分で裏づけの確認すら取っていないにもかかわらず、日ごろからフェイクニュースを量産することで知られるトランプ側の言い分を受け売りし、同人の逆転当選をめざす〝政治運動〟に延々と加担したからだ。門田は当初、雑誌で次のように書いていた。

「投票が終わると二重投票や死者による投票、監視人が排除されたのちの疑惑の集計など、各州でさまざまな告発が相次いだ」（『ＷｉＬＬ』２０２１年１月号）

２０２０年12月下旬に発売された雑誌でも次のように書いている（ゴシック・アミ掛け強調は筆者、以下同じ）。

「なんといっても、**不正選挙のありさまが監視カメラに捉えられたジョージア州フルトン郡の件**が圧巻だった。突然、水道管破裂を理由に監視人たちが選挙スタッフに一斉退去させられ、その後、４人のスタッフが机の下から４つのスーツケースを引っ張り出し、そこに入っていた選挙用紙をくりかえしスキャンするサマが映像に捉えられていたのだ」（『ＷｉＬＬ』２０２１年２月号）

だがこの映像は、〝通常の開票作業〟であったことが後で明らかになっている。州当局もその事実を認めている。門田は真偽不明の情報に、都合よく飛びついただけだった。

門田はドミニオンのデマについて以下のとおり、２０２０年11月９日から21年１月24日にかけて合計22回も取り上げた。まさに〝デマ発信機〟そのものの姿だった。２０２０年大統領選挙に関する同人のドミニオンに関するすべてのツィートを以下に記録する。

◆焦点はトランプ陣営がどれだけ具体的事例を出せるかに移った。二重投票や死者による投票、中国SFexpressでの投票、**開票集計ソフトの疑惑**等々、案件は多岐に亘《わた》る。内部告発者をいかに探し出すか。民主主義の根幹に関わる事態だけに徹底究明を。本日、skype出演にて文化人放送局で渡邉哲也氏と話し合う。２０２０年11月９日

◆やはり**集計システム〝ドミニオン〟が焦点**に。「**ドミニオンが全国で270万のトランプ票を削除**。データ分析で22万1千人のペンシルベニアの票が私からバイデンに切り替えられた。94万1千の私の票は削除。これを使用する州で43万5千票が切り替えられた」とトランプ氏。ペンシルベニアが米国の〝関ヶ原〟に。11月13日

◆Battle of Gettysburg（ゲティスバーグの戦い）は南北戦争の勝敗を決した激戦だ。日本でいえば関ヶ原。勝ったリンカーン大統領の共和党は躍進し南軍の民主党は壊滅的打撃を受けた。場所は現在のペンシルベニア州アダムズ郡近郊。**トランプ氏が訴える同州のドミニオン疑惑**は正に〝米民主主義の関ヶ原〟に。11月13日

◆トランプ氏の戦いを指示《ママ》する大規模デモを「マスコミが報じない」と大統領が嘆いている。**集計システム「ドミニオン」の不正**を具体的に指摘し、更に郵便投票の選挙登録・封筒の宛名・投票用紙等の筆跡を照合せよ、との大統領の要求は認められていない。膨大な労力と時間を要するこの作業だけが米を救う。11月15日

◆私が不思議なのは「バイデン7800万票」に日米のマスコミが何の疑問も差し挟まない事だ。**ドミニオン疑惑**、二重投票、死者による投票、立会人排除の上の開票、大量に持ち込まれた謎の郵便投票等、多くの問題提起を念頭にこの図を見て欲しい。何も感じないなら記者をやめなさい。11月16日

◆昨日の文化人放送局で〝なぜトランプ氏が敗北宣言をしてはならないのか〟を話し合った。過去最多得票は2008年のオバマ氏の6949万票。バイデン氏は9000万票も上回る7818万票を獲得。**ドミニオン問題**等多くの疑惑を残したまま大統領選を終結させてはならない。なぜなら敗北宣言は捜査終結を意味するからだ。11月18日

◆ミシガン州がバイデン勝利とした選挙結果の証明を拒否した。これでミシガンの選挙人「16人」が宙に浮く。つまり空白。各州の訴訟でトランプ陣営は劣勢だが、ミシガン州ではバイデンに投票した約1万人の〝死亡投票者リスト〟が陣営に提供されていた。争点の集計システム「**ドミニオン」の攻防**が見ものに。11月18日

◆トランプ弁護団が日本時間未明に1時間半を超える長大な会見。「これは地球上で最大の

選挙詐欺であり、最悪の犯罪。もうマスコミは〝証拠がない〞と嘘をつくのはやめよ」とジュリアーニ氏。更に**ドミニオン**、Antifaにも踏み込んだパウエル氏。日米のマスコミはどう報じるのか。11月20日

◆トランプ弁護団の会見の中でも特に注目すべきは**ドミニオン問題**だ。**ドミニオンソフトウェアが何百万枚ものトランプ票を改竄《かいざん》した**とパウエル弁護士。しかも「2016年のカリフォルニア州知事選の際、すでに同ソフトは使われた」とも。事実なら米史上に残るスキャンダルに発展する。だがマスコミは動かない。11月20日

◆ジョージア、ペンシルベニア、ミシガン、ウィスコンシン、ネバダ、アリゾナ6州は「逆転する可能性がある」と語ったトランプ弁護団。だが予想通り、報道なし。それにしても**〝6〜10万のバイデン票が3回ずつカウントされた〞というドミニオンは恐ろしい**。「全て法廷に提出する」との証拠の中身が興味深い。11月20日

◆バイデン側のnewsだけ一方的に取り上げ、トランプを貶《おとし》めてきたNHKがジョージア州のトランプ支持派の抗議デモを突然放送。何があったのか。筆跡照合をやらない再集計は意

味なし、と支持者はジョージアでも怒っている。残された期間は実質2週間。郵便投票の筆跡照合と**ドミニオン問題**。突破口はあるのか。11月22日

◆依然強気を崩さないトランプ氏。だが陣営はシドニー・パウエル弁護士離脱を発表。キューバ・ベネズエラ・中国の策謀、更には**ドミニオンで大量の票がバイデンに書き換えられた**と主張してきた氏の離脱は大きい。証言だけでなく複数州で物理的証拠がなければ、連邦最高裁に持ち込まれても判断は難しい。11月23日

◆米連邦政府がバイデン氏に政権移行手続開始を認める方針を伝えた。トランプ陣営は焦点の**ドミニオン疑惑**で各州の法廷に物的証拠を提示できず、バイデンの獲得選挙人を〝270人未満〟に持っていける可能性が少なくなった。敗北は認めず法廷闘争継続で物的証拠と内部告発者を探す。11月24日

◆今日も自衛隊関連の講演でトランプ政権が続かなければ日本と台湾がいかに危なくなり、中国がいかなる方法で侵攻してくるか細かく話をさせてもらった。バイデン政権でも楽観論の人々が信じられない。各州の法廷に**ドミニオンの不正**の証拠が本日までに出てこなかった

のは残念。内部告発者が現れず苦戦か。11月24日

◆シドニー・パウエル弁護士には期待したい。「私の真意は共和党であれ民主党であれ全ての不正行為を暴露する事。偉大な米国が内外の共産主義者に盗まれるのは許さない」と。残念ながら各州最高裁までに**ドミニオン**の物的証拠は出ず。憲法審議と各州最高裁からの上訴審である連邦最高裁の出番は来るのか。11月25日

◆遂にバイデン氏が８０００万票を突破。あの史上最多得票のオバマ氏を１１００万票も上回る。トランプ氏も７３８０万票で史上２位。米は謎をそのままにして進むのか。**ドミニオン問題**を始め数多《あまた》の疑惑解明を元検察官のシドニー・パウエル弁護士に期待する。何としても内部告発者を探し出せ。11月26日

◆本日早朝（現地時間２日）トランプ氏が緊急演説。自分への大量得票が消された事や**ドミニオンで大規模に票が盗み取られた**事などを挙げ「深刻な選挙不正で前代未聞。私が拘《こだわ》るのは勝ち負けではない。公平、真実、合法的な結果なら私は喜んで受け入れる」と。まるで〝映画の世界〟に。12月３日

◆各州公聴会は凄かった。チェックをストップさせられた郵便投票、朝方突然届いた大量のバイデン票、**ドミニオン**、二重投票、死者の投票…「民主主義が盗まれた事」に気づいた人々と、それでも〝よし〟とする人々が浮き彫りに。これが自由vs独裁の闘いである事がなぜ分らないのか。中国が高笑いしている。12月5日

◆**次々浮上するドミニオンへの疑問**。これを導入せず適正選挙を行なったテキサス州が「わが国は重要な岐路に立っている。不正を禁じた憲法に反した選挙は許されない」と**ドミニオン使用**で不規則な結果が出たジョージア、ミシガン、ペンシルベニア、ウィスコンシンの各州を訴えた。連邦最高裁の判断に注目。12月9日

◆連邦最高裁がテキサス州の訴えを退けた。中国の高笑いが聞こえる。**ドミニオン**、死者の投票、バイデンジャンプ、不正票集計映像、ニセ投票用紙等々、多くの疑惑が闇に消えていく。**米民主主義の終焉《しゅうえん》**を世界が目撃。本日のワシントン不正選挙抗議集会は凄まじいものになるだろう。12月12日

◆私のTwitterについて〝根拠なき与太話を何の注記も添えずTwitterで垂れ流しまくってる〟との記事が出ている。一読してレベルが低すぎるので一言のみ。私は論評する対象をリツイートしてから意見を書きます。**ドミニオン**等、言いたい事あるなら少しは事実を調べて書きなさい。２０２１年1月6日

◆〝選挙不正＝陰謀論〟との主張がある。米の大学は我那覇真子《がなはまさこ》氏と私の発信を〝誤り〟としているそうだ。私は選挙不正解明の必要性を訴え続けている。例えば唯一司法監査となったミシガン州アントリウム郡で第三者機関が**ドミニオン**の誤差率を68・05％と弾き出し、選挙結果はひっくり返った。考えは変わらない。1月24日

ドミニオンのデマをこれほど熱心に発信し続けた「ジャーナリスト」も珍しい。ツイートの中には「物的証拠は出ず」（２０２０年11月25日）との客観を装った記述も混じるが、それもすぐに「パウエル弁護士に期待する」（11月26日）と主観的な成果を期待し、「ドミニオンで大規模に票が盗み取られた」（12月3日）とのトランプの主張をそのまま垂れ流したことがわかる。

ちなみにワシントン・ポスト紙がトランプ大統領の4年間の任期中に発せられた虚言の回数を調べたところ、3万回にのぼったという。1日あたり20回もの虚言を毎日発し続けた計算になる。

明確に病的レベルの虚言癖者であり、犯罪心理学者の分析基準からすれば、完全なサイコパス（良心の呵責《かしゃく》をもたない特異人格者）の範疇《はんちゅう》に入るだろう。

その特異人格者の主張を、門田は、自分の都合のよいところだけを鵜呑みにする。トランプ弁護団の中核であるパウエル弁護士が、あまりにも突飛な主張で弁護団を〝放逐《ほうちく》〟された後でさえ、同弁護士に露骨に信頼を寄せていた。

これらはすべて、この選挙が不正選挙であってほしいとの門田自身の願望に基づく行動によるものだが、ファクト（事実）と願望が別のものであることは今さら言うまでもない。一般人なら許されることであっても、ジャーナリストを称する者がこのレベルでは話にならない。

3　事実に立脚した報道をつづけた産経新聞

実はこのとき、産経新聞ワシントン支局発の記事は、極めて冷静な論調を保っていた。門田はこれまで、朝日と毎日はドリーマーの読む新聞であり、産経と読売はリアリストが読む新聞といった立て分けを主張してきた。

だが「リアリストが読む新聞」であるはずの産経が、トランプのデマにはまったくといっていいほどに乗らず、客観公正な報道を保っていた。その結果、門田らの〝著名ネトウヨ〟によって煽動された読者から、産経はあべこべのクレームに直面することになった。産経新聞の黒瀬悦成《よしなり》ワシントン支局長は、そのころ月刊『正論』で次のように厳しく指摘している。やや長くなるが、門田が日ごろ信奉する産経新聞が、門田とは正反対の論調で報道していたことを紹介する。

「何とも失笑を禁じ得ないのが、日本では一部の熱烈なトランプ支持者の方々が米国発の『証拠』と称するガセネタを真に受けて『本当の勝者はトランプ氏だ』と信じ込み、主にネットやソーシャルメディアで『不正があったのにバイデン氏が勝ったと決めつけるな』と反発して盛んに咆哮《ほうこう》していることだ」（月刊『正論』２０２１年1月号）

「言うまでもないことだが、トランプ氏に勝ってほしいという『願望』にいくらすがっても、残念ながらトランプ氏が勝たなかったという『事実』が変わることはない。大東亜戦争終結後のブラジルでの『勝ち組』と『認識派』との対立さながらの現象が日本国内で起きた**責任の一端は、『保守主義者』を標榜《ひょうぼう》するトランプ氏支持のノンフィクション作家や経済評論家、テレビ解説者といった方々が、不正の存在を前提とした言説を随所で展開し、知らせる価値のないデマ情報を有難がって拡散する一方、『日米メディアは真実を全く取り上げない』と言い募ってその報道姿勢をくさし、世論をあおり立てたことにもある**だろう。有識者であれ

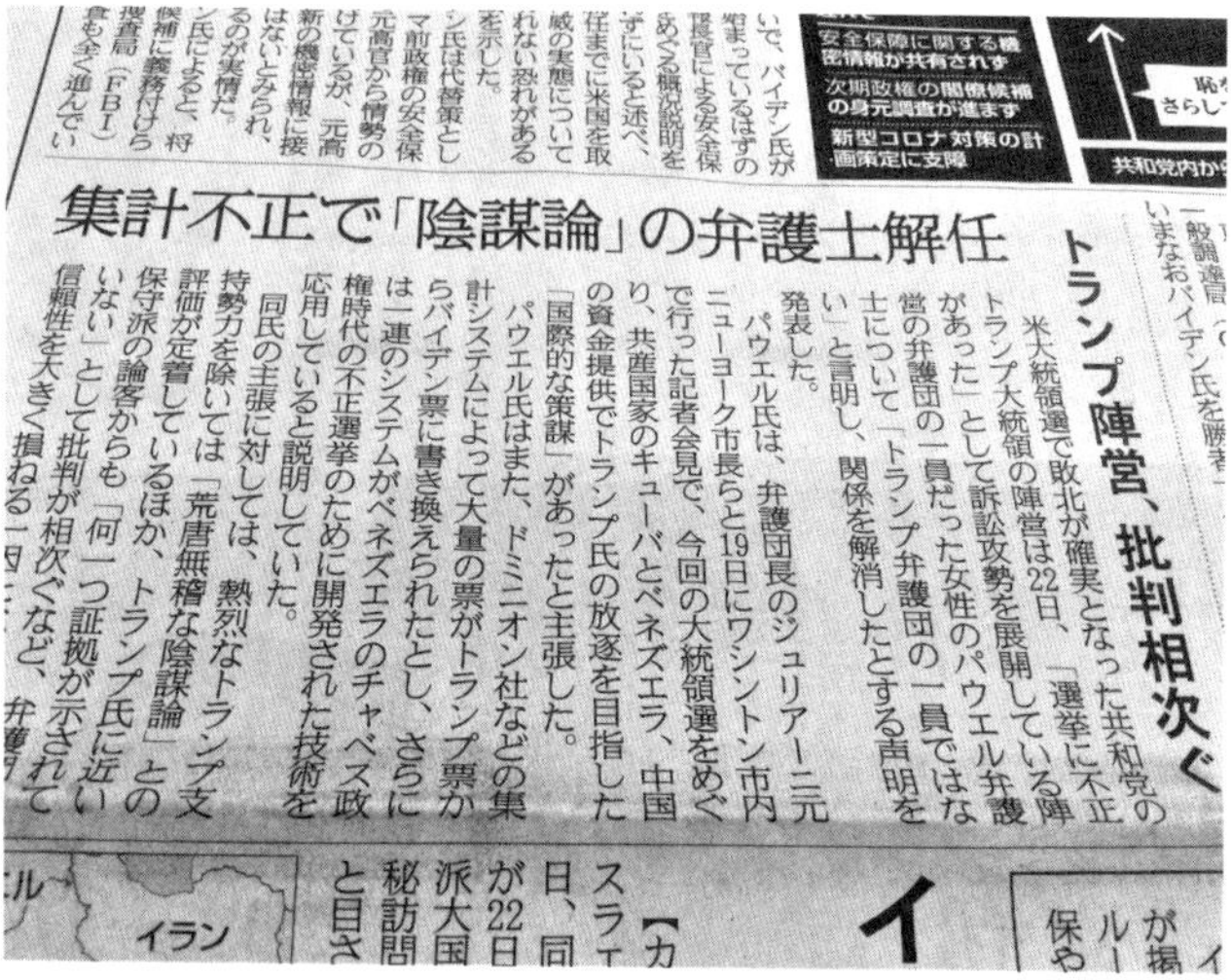
安全保障に関する機密情報が共有されず
次期政権の閣僚候補の身元調査が進まず
新型コロナ対策の計画策定に支障

共和党内から

トランプ陣営、批判相次ぐ

集計不正で「陰謀論」の弁護士解任

米大統領選で敗北が確実となった共和党のトランプ大統領の陣営は22日、「選挙に不正があった」として訴訟攻勢を展開している陣営の弁護団の一員だった女性のパウエル弁護士について「トランプ弁護団の一員ではない」と言明し、関係を解消したとする声明を発表した。

パウエル氏は、弁護団長のジュリアーニ元ニューヨーク市長らと19日にワシントン市内で行った記者会見で、今回の大統領選をめぐり、共産国家のキューバとベネズエラ、中国の資金提供でトランプ氏の放逐を目指した「国際的な策謀」があったと主張した。

パウエル氏はまた、ドミニオン社などの集計システムによって大量の票がトランプ票からバイデン票に書き換えられたとし、さらにはこ連のシステムがベネズエラのチャベス政権時代の不正選挙のために開発された技術を応用していると説明していた。

同氏の主張に対しては、熱烈なトランプ支持勢力を除いては「荒唐無稽な陰謀論」との評価が定着しているほか、トランプ氏に近い保守派の論客からも「何一つ証拠が示されていない」として批判が相次ぐなど、弁護…信頼性を大きく損ねる一因…

▼産経は米大統領選で中立の報道を守った（2020年11月24日）

ばこそ戒《いまし》むべき、こうした無責任な『コップの中の嵐』のような議論には、真っ当に米国政治を扱う研究者や記者は誰一人として加わっていない点が事の全てを物語っている。米大統領選は、ネット論壇の半可通や電波芸者のおもちゃではない」（同上・ゴシック部分は筆者）

ゴシックで強調した「ノンフィクション作家」とは、明らかに門田隆将のことを指す。

この記事は、ほとんど目立たないようなタイトルとともに掲載されていたので、気づかない人も多かったと思われる。だが『正論』編集部としては、内容を事実と異なる物に書き変えてくれと依頼するわけにもいかず、控えめな形で掲載するしかなかったものと思われる。

この『正論』1月号（2020年12月1日発売）につづいて、右派雑誌の『Hanada』も2月号（12月21日発売）で路線を大きく転換させている。

『Hanada』は1月号までは、門田の主張するような陰謀論に加担する誌面を作っていたが、2月号では12ページにわたる「米大統領選をめぐる陰謀論とQアノン」と題する記事を掲載し、門田らが踊らされた陰謀論を100％否定してみせた。執筆者は軍事ジャーナリストの黒井文太《ぶんた》郎《ろう》である。黒井は次のように指摘した。

「敗れたトランプ陣営としては、敗北を認めないためには、選挙で不正が行われたと主張する必要がある」

「トランプ陣営がいくら探しても、不正のエビデンスは見つかっていない。トランプ弁護団は『不正の証拠がある』と再三表明したが、根拠情報は提示できていない」

「この間、トランプ陣営から『不正の証拠だ』と指摘され、のちにフェイクと判明した事例は数多い」

「『根拠は出せないけど、いちおう提訴してみました』というだけの話を盛って『そんな話がある』と拡散するパターンがたいへん多い」

「2020年12月3日、ジョージア州議会の公聴会で、トランプ弁護団は選挙スタッフが不正を行う様子を撮影したとする動画を提出した。夜間に人が少なくなった間隙に、民主党サイドの人間がスーツケースに入っていた大量の偽投票用紙をカウントしたとの主張だった。しかし、同映像に映っていた事実はそうではなく、それらの投票用紙は普通に投票されたものだった。なんら不正がなかったことは、ジョージア州当局も確認した」

その上で次のように結論づけた。

「情報のフェイク性の追跡を行っている筆者からすれば、今回の選挙ではバイデン陣営によるトランプ批判の言説にほとんどフェイク情報は見当たらず、**フェイクの発信源はトランプ陣営側に集中していた**ことは間違いない」

重要なことは、門田が日ごろ敵扱いしてきた朝日や毎日などリベラルな媒体だけでなく、「リアリストが読む新聞」と自身で推奨してきた読売新聞や産経新聞、さらに同社が発行する月刊『正論』、さらに門田が拠《よ》り所とする雑誌の一つである月刊『Ｈａｎａｄａ』までが、門田の発するデマを糾弾する形となっていたことだ。

▼**右派の「WiLLチャンネル」で対談する門田**（2020年12月）

結果的に、月刊『ＷｉＬＬ』と『夕刊フジ』くらいが相変わらず陰謀論に加担し続けていた。そのため門田は、『ＷｉＬＬチャンネル』（インターネットテレビ版）に舞台を求め、そこでさらなる陰謀論を展開した。そのネット番組では、門田が一片の大統領令で選挙結果がひっくり返るかのような主張をしたため、新刊の共著者である産経新聞客員特派員の古森《こもり》義久から「あんまり遠くまで行ってしまうと説得力を失うのが心配です」と、逆にたしなめられる始末だった（12月16日収録分）。

これらの事実は、ＳＮＳ上のこととはいえ、仮にも「ジャーナリスト」を名乗る人間が、ファクトの裏付けをとらず平気でフェイクニュースを拡散しつづけた経緯を示している。

門田は米大統領選から2カ月近くがたった2020年12月末から1月頭にかけても、次のようなツイートを発信し続けた。

◆米大統領は誰もが認める世界最大の権力者。その権力者が訴えた具体的な不正の数々はいずれも米の歴史に残るものだ。〝不正があっても結果が出たらそれが絶対〟では**民主主義自体が滅ぶ**。その意味で22日のトランプ氏の演説は保存すべきではないだろうか。丁寧な翻訳ご苦労様です。2020年12月28日

◆洋の東西を問わず、**正義を実現せんとする人**には励まされる。「無駄にする時間はない。**史上最大の選挙盗み**を隠蔽する大手テクノロジー、大メディア、間違った民主党員に立ち向かえるかどうかを示す時が来た。あなたは歴史のどちら側につきますか?」とジュリアーニ弁護士。信念と勇気、諦めない闘志。2021年1月2日

◆昨日の文化人放送局も今朝の虎ノ門ニュースも大詰めの米大統領選の話だ。多くの証拠や宣誓証言、また**P・ナブァロのレポート等からも不正の存在は明白**。私には〝不正があっても結果は絶対〟との考えが理解できない。世界の自由と民主主義の岐路である事がなぜ分ら

ないのだろうか。1月5日

◆「トランプ氏がゴネ続け、民主主義に禍根」との時事の記事に絶句。「選挙への国民の不信感を増幅しロイターによれば共和党支持者の68％は不正ありと回答し、氏の敗北を〝合法的で正確〟と認めたのは僅《わず》か26％。米民主主義の根幹を揺るがす」と。**そこまで〝不正なし〟と言える根拠は？** 1月5日

フェイクニュースを流し続けるトランプ陣営を「正義」と表現し、トランプの主張に沿わないと「民主主義が滅ぶ」と、事実をあべこべにねじまげて発信し続けた。

これらは主張型ジャーナリズムの範疇と呼べるものかもしれないが、主張の前提にはエビデンス（根拠）が伴わなければ、肝心の主張そのものが成り立たない。

ちなみに、彼がトランプを熱心に擁護した背景には、トランプとの個人的な関係もあったと思われる。過去のツイッターを探すと、次の発信があった。

◆大相撲のマス席をやっと確保できたので、いつもお世話になっている金美齢《きんびれい》さん、櫻井よしこさんをご招待して千秋楽を観戦した。退場する時、安倍首相とトランプ大統領が近づい

てきて、なんとお二人と握手。隣にいた私も握手させてもらった。サービス精神旺盛のトランプ氏らしい驚きのシーンだった。２０１９年5月26日

トランプ前大統領は門田自身が心酔してきた安倍晋三前首相と懇意な関係にあり、日本人拉致問題解決に向けて強力にバックアップしてくれたことへ個人的に恩義を感じる思いや、自身が敵視する中国にトランプ大統領が果敢に経済制裁を加え、自分の気持ちを代弁してくれる希有な大統領と映っていたようだ。

4　扇動ツイートの実例

一方でバイデン候補は、息子を通じて中国に買収された「生涯操り人形」(門田ツイッター)であり、バイデンが大統領になると、米国は中国にとりこまれ、中国の天下の世の中となり、日本は将来、その〝属国〟になりかねないとの思い込みがあった。

ここでは門田がトランプ擁護のために放った２００を優に超えるツイート群の中から、バイデン次期大統領とハリス次期副大統領が投票日4日後の２０２０年11月7日に勝利宣言の演説をした「以降」にツイートしたものの中から、特徴的なものを55に絞って紹介する。かなり大量にな

るが、門田隆将の主張が〃歴史的な虚報〃であった事実を熟読玩味していただきたい（ゴシック・アミ掛け強調は筆者）。

◎バイデンとハリスが勝利宣言の演説を行う（11月7日）

◆**史上最多得票者と現役大統領最多得票者を生んだ選挙に何らかの不正があったと考えている人は多い。**だが本当に〃パンドラの箱〃は開くのか。連邦最高裁が不正事実を確定するまで闘えば恐ろしい事に。支持者達の「Stop the steal（盗むのをやめろ）」の合言葉がどこまで広がるか。２０２０年11月９日

◆トランプ陣営に敗北宣言を出させるためマスコミは必死。ＦＯＸニュースまで「不正を示す証拠が示されない限りこれ以上お伝えできません」とマケナニー報道官の中継を打ち切る始末。現役大統領最多の７千万票を集めたトランプ氏は四面楚歌。だが**司法長官は全米の連邦検事に不正行為の調査を指令。**正に動乱。11月10日

※バー司法長官は調査後、選挙に大がかりな不正はなかったことを言明したため、トランプ

大統領ににらまれ、解任に追い込まれた。マケナニー報道官も途中で辞任した。

◆ジュリアーニ氏が「本日、ミシガン州で数十万票の不正投票を無効にする訴えを起こした。まずペンシルベニア、次にミシガンでトランプが勝つ。宣誓供述書は明日公開。諸君は衝撃を受けるだろう」とツイート。**いよいよ闘いが始まる。**どんなものが出てくるか注目。それで勝敗はある程度予想できるだろう。11月11日

◆**「ミシガン州の1つの郡だけで60票1束の署名が全て同じ筆跡で行われ、また何度も集計に掛けられた50票の束があり、〝死者〟の投票もあります。**立会人が脅されたり、共和党監視員が邪魔されたという234頁に亘る宣誓供述書もあります」とマケナニー報道官。法廷闘争は始まっている。11月12日

◆**トランプ氏が「フィラデルフィアとピッツバーグで70万票がカウントされていませんでした。我々はペンシルベニア州で勝利しました！」とツイート。**だがマスコミは依然、完全無視。それどころか〝公式には異なった結果が出ています〟との表示。世界の運命を決める大統領選は完全にコントロールされている。11月14日

◆各州でトランプ陣営の訴訟が次々却下される中で、陣営のシドニー・パウエル弁護士は強気。「**トランプ氏は完全に勝利している。大規模かつ組織的に不正が行われ、既に十分な証拠・証人を得ている。**不正に関わり、連邦政府の法律に違反した者は自首せよ」と。今日の文化人放送局で加藤清隆氏と議論する。11月17日

◆世界が待ち望んでいるのは大統領選の勝敗だけではない。不正はあったのかなかったのか。あったならどの組織で、また外国勢力は介入したのか。これらが曖昧のまま前には進めない。**真相解明こそ全て。**〝早く敗北宣言を〟は民主主義への冒瀆《ぼうとく》。敵も味方も真実究明に団結せよ。それを促すのがメディアの使命。11月19日

◆トランプ外交を一方的に非難し弁護団会見に一言も触れないNHK。「私達はこの混乱を一掃する。トランプ大統領は地滑り的勝利を収めた。それを我々が証明する。そして自由の為に投票した人々のためにアメリカ合衆国を取り戻します」と宣言したシドニーパウエル弁護士。**勝負の〝12月8日〟まで20日足らず**だ。11月20日

◆**バイデン票が8000万突破という〝あり得ない数字〟**になる中、米は週明けから30日アリゾナ、12月1日ミシガン、3日ネバダと公聴会ラッシュに突入する。トランプ大統領自ら電話証言したペンシルベニア公聴会は〝州議員が選挙人指名〟となり陣営は快哉。アリゾナ、ミシガンも議会が共和党だけに注目が集まる。11月28日

◆**日米マスコミは相変わらず一方的報道**を続けている。ロイターもトランプ氏が「最高裁に持ち込むのは難しい」と述べ、弱気になっているとの報道。だが**現実は逆で〝強気〟に**。先週ペンシルベニアで〝議会の選挙人指名〟が決定し、今日からアリゾナ、ミシガン、ネバダで相次いで公聴会。勝負の1週間が始まる。11月30日

◆アリゾナ公聴会での証言にアメリカ人は衝撃を受けている。バイデン氏が8千万票超、トランプ氏が7400万票、2人で1億5千万票超が投じられたという**異常な選挙**。それが**〝常識では考えられない〟事**が分るからだ。だがアリゾナ州は公聴会の最中にバイデン勝利を正式認定。民主主義を守る闘いは更に熾烈《しれつ》に。12月1日

◆ジョージアの〝Stop the Steal（選挙を盗むな）集会〟が凄い。パウエル弁護士も登壇し「米

国の自由と正義を守らなければならない。証人の1人は襲撃され入院した。投票用紙がシュレッダーにかけられたり捨てられてもいる。不正選挙を許す事はできない」と。**米民主主義最大の危機。**12月3日

◆各州公聴会で**二重投票、死者の投票、照合を止められた郵便投票、朝方突然届いた大量のバイデン票**等の宣誓証言が次々出てきた。だが完全スルーのマスコミ。**民主主義の根幹に関わる証言**を彼らは嘘と言い切れるのだろう。まるで神である（11月19日のパウエル弁護士会見を参考に）12月3日

◆各州公聴会でも驚きの証言続出だが、**ジョージア州で監視カメラが捕えた証拠映像には唖然。**監督者が係員に部屋から出るよう指示後、その場に残った4人が突然、票が詰まった複数のスーツケースを机の下から引っ張り出し集計を始めた。この映像も報道機関は殆《ほとん》ど無視。**〝偏向マスコミ〟が米民主主義を殺す。**12月4日

※この映像は通常の開票作業のものと後に判明。門田は典型的なデマにまんまと騙された。

◆各州公聴会の宣誓証言に戦慄《せんりつ》。それ以上に怖いのは不正など〝何もなかったように〟次期

政権を迎えようとしている人達だ。**どこから持ち込まれたか分らない大量の投票用紙にただ唖然**。誰が大統領になろうがこの不正選挙の真実究明だけはやらなければならない。民主主義が全体主義に敗れてはならないからだ。12月4日

◆昨日紹介した**ジョージアの衝撃ビデオ**が波紋を広げている。このグラフのラインは〝不正行為なしでは数学的に不可能。時間的にもビデオ映像と一致〟だそうだ。トランプ陣営は〝選挙史上最大の政治的強盗がカメラに捉えられた〟と。各州の宣誓証言を「全て嘘」と言える人は根拠を示さなければならないだろう。12月5日

◆ジョージアの大群衆は不正を憎み、米の民主主義を守ろうとする人々だと思う。勝敗は勿《もち》論《ろん》大事。だが各州公聴会であれ程の不正が出ても黙殺するメディアや実行者達の〝してやったり〟を許す訳にはいかない。米民主主義の岐路は自由世界の危機でもある。後年、**今が自由vs独裁の関ヶ原**だった事が分るだろう。12月6日

◆不適切な選挙を行った州へのテキサス州の怒りの訴訟にアーカンソー、アラバマ、フロリダ、ケンタッキー、ルイジアナ、ミシシッピ、サウスカロライナ、サウスダコタの8州が加

わった。〃この選挙は米国憲法の平等保護条項に違反〃と主張。**米民主主義を守ろうとする動き**が顕著に。だがマスコミは報じない。12月9日

◆不適切な選挙を行った4州にテキサス州が〃大統領選の手続を不当に変更し選挙結果を歪め、米憲法の平等保護条項に違反した〃として提起した訴訟に17州が加わった。トランプ氏も驚きのツイート。YouTubeまで選挙不正を訴える動画規制に乗り出す〃**民主主義の危機**〃**に抗**《あらが》**う人々**。歴史の岐路を改めて浮き彫りに。12月10日

◆やはり世界史に特筆される2020年に。再選盤石のトランプ政権をコロナが突き崩し、革命者に乗っ取られた民主党とマスコミがトランプ＝レイシストのレッテルを貼り続け、**Steal The Election に成功**。息を吹き返す弾圧中国の野望に気づかない人々。全体主義がこうして世界を覆う。12月12日

◆〃手続を不当に変更し選挙結果を歪め憲法の平等保護条項に違反した〃とのテキサス州らの訴えを連邦最高裁が退けた事に〃知恵も勇気もない！〃とトランプ氏。**歴史の汚点は司法が民主主義の危機に乗り出さなかった事**。SNSも言論の自由を侵す中、勇気ある人々の抵

抗の歴史が始まる。12月12日

◆〝当事者適格性（訴える資格）なし〟と最高裁に却下されたテキサス州。**これほど不正が明示され、**17州と126人の共和党下院議員も訴訟を支持しているのに〝我関せず〟の判事に唖然。「不正投票を正す事で国民にもたらされるメリットに最高裁は何の興味もない」とトランプ氏。ワシントン支持集会も怒り爆発。12月13日

◆正当な選挙を実施しながら〝手続を不当に変更し選挙を歪めた〟ペンシルベニアなど4州の為に正当な選挙結果を得られなかった**テキサス州が憲法の〝平等保護条項違反〟を訴えるのは当然。**審理も開かなかった連邦最高裁は民主主義国家の司法の役割を放棄。米民主主義の終焉《しゅうえん》を許さない心ある人々がここにいる。12月13日

◆**連邦最高裁が原告適格性を口実にテキサス州から〝逃げた〟**事で2018年9月の1本の大統領令に注目が集まっている。ロシア疑惑をでっち上げられたトランプ氏は「米選挙に干渉した外国企業や個人に制裁を科す」との大統領令に署名。パウエル弁護士も勧めており、今こそ執行の〝時〟か。12月14日

◎各州で選挙人投票　バイデン候補が正式に過半数獲得　３０６対２３２（12月14日）

◆バイデン氏が過半数の選挙人を獲得し、「民主主義の勝利」と宣言。だが**不正の数々**は逆に**「民主主義の敗北」**を示している。注目のラトクリフ国家情報長官の報告で中国による選挙介入が明らかになれば、これを禁じた大統領令が発動され、大混乱に。未だ予断を許さない。12月15日

◆毎日が〝なぜトランプは抵抗しているのか〟との有料記事を配信。**不正な選挙でも〝貴方は抵抗しないのか〟**と聞きたい。民主国家が不正選挙で乗っ取られるなら〝貴方は記者としてどうしますか〟とも聞きたい。**その壮大な歴史的場面**に居合わせながら〝貴方は何しているのか〟とも。12月15日

◆激戦6州にニューメキシコを加えた計7州では通常とは別に州議会が独自に選挙人を選び計84人がトランプ氏に投票。その前代未聞の事態をマスコミは伝えない。ラトクリフ国家情報長官の報告で〝外国による選挙介入〟が明確になればこれを禁じた大統領令の発動も。

〝大統領選未だ決着せず〟の理由がそこにある。12月16日

◆古森義久氏と私の共著『崖っ淵に立つ日本の決断』（PHP）刊行に合わせWiLLチャンネルで大統領選の激論を交わした。外国勢力介入の有無、ラトクリフ国家情報長官は介入の実態を炙《あぶ》り出せるか。これを禁じ、協力した企業と個人に制裁を科す大統領令発動はあるのか。激論スタート。12月17日

◆フェイクニュースを取り上げた昨夜のNHK討論番組に驚く。**民主主義の根幹を揺るがす不正**を全く無視し、トランプ氏がただ〝ゴネている〟とのスタンスを続け、政治的に偏った「ファクトチェック」なるものを持ちあげるNHK。朝日、毎日よりタチが悪い。政治的公平を捨て放送法4条違反を続ける**NHKは解体を**。12月19日

◆ワシントンに多くのスタッフを常駐させるNHKは我那覇真子氏のレポートに完全に負けている。米国人の本音、不正選挙への危機感、今はどんな岐路か…NHKでは何も分らない。BLMによる傷害事件を〝真逆〟に報じる驚くべき有様もNHKは無視。Twitterのヘッダーに BLMを使っていたNHK。もはや〝終わって〟いる。12月19日

◆ピーター・ナヴァロ選挙戦報告書を古森義久氏が紹介。偽造郵便投票用紙10万人分運搬の運転手、監視カメラが映し出した不正投票用紙カウントの瞬間、死者8千人の同名投票、州外移転者による2万人投票等キリがない。不正があっても〝結果が絶対〟の米。**民主主義が敗れた**事を痛感。12月23日

5　米連邦議会襲撃事件後も新たなデマを発信

2021年1月6日、アメリカ連邦議会では大統領選挙の勝者を正式認定する各州の選挙人の投票を開票する手続きが行われた。このとき、トランプ大統領は集まった群衆（支持者）に演説を行い、焚《た》きつけられた群衆数千人がそのまま連邦議会の議事堂に突入し、5人の死者が出る騒動に発展した。世界のだれもが、民主主義の先進国と思ってきたアメリカで、選挙結果を認めない現職大統領に扇動された支持者らが、テロ行為に及んだ。このニュースが日本に流れてきた後においても、門田は次のようなツイートを繰り返している。

◆連邦議事堂での混乱を受け「民主主義が前例のない攻撃を受けている」とバイデン氏。**不**

正選挙という〝前例のない民主主義への攻撃〟が最悪の結果を生んだ事の自覚はないようだ。T・クルーズ上院議員も異議申し立てを下ろし、悪夢の4年間が始まる。新政権側の報復で〝韓国化〟も。世界に中国の高笑いが響く。2021年1月7日

◆**米民主主義の終焉**は、あれ程の証拠や宣誓証言で明白になった**不正選挙が〝不問に付された事**〟で確定。共和党は茨の道を歩む。本日、先頭を切り**連邦議事堂に突入した人間が〝アンティファである〟との告発が相次いでいる**が〝それ以前に〟不正が罷《まか》り通る世界で民主主義の存続は難しい。**世界は覚悟の時**を迎えた。1月7日

◆我那覇真子氏の現地レポート、特に連邦議事堂で女性が死亡した現場の映像分析に見入った。連邦議事堂の〝窓を割る人間、映像を撮る人間も、**アンティファであると思われる**〟と。その人物が「目撃者」としてCNNに出演し、視聴者に刷り込みを行い、トランプ・警察双方に打撃を与えるやり方。戦慄を覚える。1月9日

◆トランプ氏のTwitterが永久停止。**演説を聴いても、ツイートを見ても、暴動を煽るものなどどこにもない**。言論の自由がここまで消えた事の象徴。失業率を50年ぶりに3・5％ま

で下げ、人権では、北朝鮮拉致被害者やウイグル、香港の人々を助けるべく奮闘した大統領。感謝しかない。1月9日

◆**米から言論の自由が消えていく**事に言論や表現の自由を日頃叫ぶ人々が〝言及しない〟不思議。彼らは中国の人権弾圧への発信も少なく大統領選に不正はなかったと根拠なく思い込んでいる人が多い。そんな方にはP・ナヴァロ報告を読む事をお勧めする。自由社会の危機を感じ取れる筈。1月9日

◆朝日がトランプ氏アカウント永久停止に「繰り返し警告を出していた。だが暴力を誘発するようなツイートを繰り返した為に閉鎖に至った。表現の自由が重視される国でも一定の要件があれば制限は認められる」と。暴力誘発?どれが?要は気に入らない言論は潰してよし。これが朝日。1月11日

◆全体主義は異論を許さない共産主義等の事。今回も〝裁判で勝利しなかった＝不正はなかった〟との単純論法の人達が〝トランプ支持者＝カルト〟と言い出す始末。トランプ氏が「平和的に」と演説した部分はカットされ**「暴動を煽った」との虚偽**も罷り通った。これで

勝てると踏んだ中国の香港弾圧。地球の危機。1月12日

◆トランプ氏のアカウント永久停止、選挙不正告発のTwitterも次々停止、Parlerも排除され訴訟に発展…等々、目の前で展開される言語統制に茫然とする人々。だが自由と民主主義が敗れる訳にはいかない。急遽《きゅうきょ》、文化人放送局が私の意見をｕｐしてくれた。**怯《ひる》むな日本、進めリアリスト**、1月12日

◆「平和的かつ愛国的に貴方の声を聞かせよう（I know that everyone here will soon be marching over to the Capitol building to peacefully and patriotically make your voices heard）」との**問題ない当日の呼びかけ**に触れず3週間前のツイートの〝wild〟1語で大糾弾の米マスコミ。完全に終わっている。1月14日

◆マスコミとSNSを制圧していなければ次の米政権は忽《たちま》ち崩壊する。金銭、外国勢力、性的スキャンダルをどう潰していくか見もの。中国では投獄するだけでいいが米では流石《さすが》にそうはいかない。真実を発信する人々の言論空間はなくなり気づけば全体主義に。1つの選挙が世界の運命を変える事を私たちは目撃中。1月14日

◆Epoch Timesが女性死亡の現場を詳細に説明する我那覇真子氏のインタビューを配信。ドアのガラスを割った男の不可思議な行動、一部始終を撮影しCNNに出演した男がアンティファであるとの証拠等も解説。特派員にはない行動力と分析力。真実はメディアでなく個人が伝える時代に。1月15日

◆「トランプ氏は4年で600回以上の集会を開催したが1度も暴行・破壊はしていない。だが民主党は昨年数十億ドルの破壊行為と死者47人が出た暴動を支持した」と共和党のM・グリーン下院議員。大統領就任翌日にバイデン氏弾劾《だんがい》決議案を出すと表明。自由と民主主義を守る気概ある政治家は国境を超え応援したい。1月15日

◆我那覇真子氏が6日当夜から告発していたアンティファ活動家J・サリバン逮捕。女性死亡現場で一部始終を撮影し目撃者としてCNNに出演した人物。**我那覇レポートの的確さが証明された。**演説で〝peacefully〟との言葉を使い**暴動など全く煽っていないトランプ氏と煽動したアンティファ。**米は真実に辿り着くか。1月15日

◆政治家出身でなかっただけに多くのタブーに挑戦できたトランプ氏。中でも最大タブー〝1つの中国〟への挑戦は素晴らしかった。時間切れが無念。添付の画像は氏の凄さを表す。日本人は「海岸から13歳の少女が拉致されスパイの語学教師として奴隷にされたんだぞ」と国連で訴えてくれた姿を決して忘れない。1月16日

◆映画の登場場面がｃｕｔされ、発言の場も奪われる米。まるで文革だが人々は疑問も抱かない。政権復帰の**民主党が異論を許さない全体主義へと米を導く**だろう。あの時が「歴史の岐路だった」と後世の研究者は悔やむに違いない。民主主義の根幹に挑戦してきた不正選挙の真相究明も果たせず。致し方ない。1月17日

◆異論を許さない全体主義の怖さは真に守らなければならないものを人々に見失わせる点にある。**トランプ氏が暴動を煽ったと思い込み、**発言の場を奪い、映画のシーンまで消すヒステリー。当日の〝peacefully〟という言葉を使った氏の演説はどこも報じない。中国の〝超限戦〟の勝利だが、騙される方がおかしい。1月17日

◆「新政権が米の安全と繁栄を維持できるよう祈る」とトランプ氏が離任メッセージ。人権

弾圧中国と闘い、過去最低の失業率で人々を救い、奇跡的な中東和平を実現し、1ドルを除き給与を教育機関等に寄付し、日本人拉致を国連で訴え、現役大統領最多得票を記録…**多くの偉業に感謝**。1月20日

◎バイデンが大統領就任式（1月20日）

◆バイデン政権スタート。富裕層＆企業への増税、国防費削減、2兆ドルの環境費やオバマケア復活、最低賃金引き上げ…等々が実現すれば、逆に貧困化・治安悪化は必至。コロナ前に半世紀ぶりに3・5％まで下がった失業率はどうなるか。**〝トランプが分断を煽った〟との事実とかけ離れたNHK報道**の「今後」が見もの。1月21日

◆**メディアが嘘を垂れ流す**事を大統領選で多くの人が学んだ。「修正25条でトランプ辞めさせるって話がワーッと。次は就任式に内乱…大体CNN。するとと日本のメディアが乗っかる。**フェイクとデマ**。民主党とメディア複合体」と古森義久氏。それであり得ない政権が誕生。笑うのは誰？ 1月21日

◆ファーウェイから１００万ドル寄付を受けて当局への報告を怠った米の大学のアーカイブサイトが**私の大統領選に関するツイートを〝誤り〟とした**のは分り易《やす》い。顔認証システムの中国のＡＩ学者を独立取締役に迎えた社がトランプ氏のアウント《ママ》（※原文ママ）を永久停止にしたのも同じ。正に言論統制時代。１月25日

◆中国が予想通り一挙に反転攻勢に入った。既に作っていた漁船への発砲と建造物破壊を明確化した海警法を米大統領就任式〝以降〟に明らかにし施行する事で、中国がいかにトランプ政権を恐れていたかが分る。**米選挙不正が〝謀略〟の一言で片づけられた**事で世界は悲惨な道を歩み出した。情けないがこれが現実。１月31日

◆ジュリアーニ弁護士が中国のウイグル弾圧を「ホロコースト以来、更に多い大量投獄」と指摘し「42に及ぶ大統領令はバイデン氏がアメリカファーストではなくチャイナファーストとして政策実行する事を示している」と。史上最多の大統領令でも〝助けを待つウイグル人〟に応えるものはなし。当然だろう。２月１日

◆ＮＨＫが７時の弾劾ニュースでトランプ氏の当日の演説で「平和的かつ愛国的に」という

重要部分をｃｕｔし、ただ「連邦議事堂へ行こう！」とのシーンを放映。真実に背を向け、ひたすら自分達の主張通りの切り取り印象操作。公共の電波と国民の受信料は彼らのこんな恣意的報道の為にあるのか。もはや処置なし。2月13日

◆史上初の同一大統領への〝2度の弾劾失敗〟の民主党。憲法で保証された崇高な権利を「印象操作」だけに使った責任者は辞任しないのか。実際の演説での〝peacefully〟という言葉をｃｕｔし、恰《あたか》も煽動があったかのような切り取り映像を造った公党。その手法は中国共産党にでも学んだか。米に節度と矜持《きょうじ》の復活を。2月14日

門田が引用して依拠しているトランプ本人の発言は論外として、さらに陣営幹部であるジュリアーニ、パウエルの主張も事実に即さず、トランプが喜ぶような内容ばかりだ。さらに門田が依拠した我那覇という女性も、多くの虚報を発信した人物として名を残した。議事堂襲撃を煽ったのはトランプではなく、実はアンティファだったなどの主張も、虚偽そのものだった。そうした意図的な情報に、門田はやすやすと乗せられている。以上はその証拠群だ。

また門田はトランプは連邦議会議事堂の襲撃を煽っていないなどと強弁するが、何をかいわんやだ。

門田は「アメリカの民主主義の終焉が確定した」などとも発信しているが、真の意味で確定したのは、この人物の事実認定能力の欠如ぶりだったといえる。

連邦議会議事堂襲撃・占拠事件では、暴徒らが標的となった議員のいる部屋に乱入していれば、ペンス副大統領（当時）やペロシ下院議長らは公然と殺害された可能性すらあった。「トランプ敗北」の選挙結果を覆《くつがえ》す決定を副大統領に期待していた支持者らは、ペンスにその気がないのを知ると、「ペンスを吊るせ！」となだれ打って突入したからだ。弾劾裁判で示された議事堂内の監視カメラの映像によると、ペンスがいた小部屋まで暴徒らは30メートルの至近距離に迫っていた。要人に死者がでなかったのは警備隊の適切な誘導の結果にすぎなかった。連邦捜査局（ＦＢＩ）の宣誓供述書でも、暴徒の一部が民主党のペロシ下院議長を殺害しようとしていたことがわかっている。

この襲撃事件では４人の支持者と警備側を含め、５人が命を落とした。

直前には、トランプ大統領が演説で支持者らを煽り立てていた。共和党議員がトランプに電話し、暴徒らを治めるように要請してもすぐに動こうとしなかった。要するに事態を敢えて〝傍観〟していたのである。

要するに、現職大統領は自分が敗北した選挙結果を受け入れることなく、不正選挙を主張し、60件以上もの裁判を起こしながら主張を認められることもなく、最後にとった手段は選挙結果を覆すための武力行使の扇動劇だった。だがその試みも失敗に終わる。共和党議員の中にもトランプから距離を置き始める者が出始めた。

空気を読んだトランプは、「暴力に訴えるつもりはなかった。平和裏の行動を期待していた」と、逆に暴徒らのハシゴを外し、自分の立場を守ろうとした。

トランプは、支持者らに連邦議会議事堂襲撃を扇動した国家反逆罪ともいえる行動により、米国史上初となる2度目の弾劾訴追決議（起訴状に相当）が２０２１年1月13日米連邦下院で採択された。これを受けてバイデン大統領就任後の2月9日から13日まで、上院議会で弾劾裁判が開催された。トランプ前大統領の人気がまだ根強く残っており、同人が新たに第3党を立ち上げて共和党が分裂する事態を恐れた共和党からの造反者はわずか7人にとどまり、有罪の評決が下ることはなかった。それでも過去の弾劾裁判では造反者は出なかったとされることからすると、共和党議員の中から7人が賛成に回ったのは大きな出来事だった。わずか4年の任期中に2度も弾劾訴追を受けた〝最初の大統領〟という不名誉な記録が残されることになった。

弾劾裁判で無罪評決が出たあと、門田が日ごろから「リアリストが読む新聞」と主張してきた産経新聞は、「トランプ氏無罪　政治の迷走終わりにせよ」と題する社説の中で、「平和的な政権交代を力ずくで阻もうとした暴挙」（2月17日）と指摘した。同じく「リアリストが読む新聞」のはずの読売新聞も、「民主主義汚した責任は消えぬ」と題する社説（2月16日）の中で次のように記している。

「トランプ前大統領の責任が消えたわけではない」

「陰謀論が過激な暴力に結びつく危険性を、すべての米国民が肝に銘じてもらいたい」

だが、〝自称リアリスト〟の門田は、「ドス黒い全体主義」（2月14日）などと弾劾裁判そのものを批判するかのような頑《かたく》なな姿勢をその後も明確にしている。

「反省しない」「常に自分だけが正しい」――。度し難いほどの姿勢がここでも一貫していた。

6　憎悪を植え付けるツイート

門田のツイートは敵と味方を峻別し、敵とみなす者や勢力に公然と敵意を表明し、排除を煽る言葉であふれている。これらは社会に憎悪を拡大させる要因とされるもので、社会の安定に寄与する行動とはとうてい思えない。

繰り返しになるが、門田のよく使う言葉に「内なる敵」がある。「内」とは平たくいえば「日本」のことだ。この場合「内なる敵」は、日本の中に巣食う〝獅子身中の虫〟といった否定的な意味合いを持つ。同人が2020年6月からこの語を使用し始めた当初、同人にとっての対象は既述のとおり、朝日新聞に限られていた。

それが次第にマスコミでは毎日新聞やＮＨＫ、政党では立憲民主党、日本共産党、社会民主党（それらをまとめて「特定野党」と称する）、さらに与党の公明党も「内なる敵」に指定されたのは前述のとおりである。「内なる敵」は、同人にとっては「外なる敵」である韓国や中国、北朝鮮と一対になる言葉といえる。

特筆できることは、門田は「特定アジア」というネトウヨ（ネット右翼の別称）しか使わない侮蔑語でさえも、ツイッター開始当初から平気で使用してきた事実だ。

「特定アジア」とは中国、韓国、北朝鮮の３カ国を意味し、「特亜《とくあ》」と略称される。日本との関係では過去の戦争責任や歴史問題で常に平穏ではない状態にある国を見下した感情を露骨に体現した言葉といってよい。

「内なる敵」と認定される理由は、一言で定義すれば「反日」だ。日本を貶める、平たくいえば、日本を悪く言う言説は彼らにとってすべて「反日」の言葉でまとめられる。

過去の旧日本軍が実際に行った非道な行為でも、日本にとっての〝歴史の教訓〟として未来志向で捉えるのではなく、行為があったと認める者をあくまで「反日」と表現する。そこにあるのは是々非々の柔軟な思考方法ではなく、日本を悪く言う者はとにかく許さないという全体主義的心情といえる。

はっきり言えることは、これらは「ファクトの提示」ではなく、彼独自の「主観の提示」にすぎないことである。

◆朝日新聞の記者と話すと、自分たちが「反日」であり、**特亜3か国**の強力な味方であることを自覚していないのに驚く。それどころか大半が「日本のため」と考えて仕事をしている。勝手に「俺たちは戦争をしたい連中とペンで闘っている」と思っているのだ。こういう自己陶酔型の記者が実は最もタチが悪い。２０１９年5月20日

◆日本人の命より中国が大切な〝**内なる敵**〟は、日本政府は責めるが中国がやる事は全てパス。英ＢＢＣは果敢にウイグルの人権問題を取り上げ続けている。だが**ＮＨＫ、公明党、特定野党**は常に中国に忠実。誰の利益の為に動いているかよく分る。**自分と家族の〝命の敵〟**だけは知っておきたい。２０２０年8月6日

◆創立以来〝日中関係の正常化推進〟が優先事項の公明党。米有力シンクタンクＣＳＩＳは、中国共産党は創価学会を日本の憲法9条維持の為、政権与党に影響を与える味方とみていると指摘。憲法改正阻止、敵基地攻撃阻止で**日本人の命より中国が大事な公明党**。与党たる理由何処《いずこ》にありや？　２０２０年8月13日

7　ひとを見下す拭《ぬぐ》いがたい習性

彼の心性に宿っているのは、人を見下す根深い感情ともいえる。それは見下すと同時に自分を持ち上げる自己肯定、あるいは自己愛の裏返しの構図ともいえよう。

門田はしばしば「新聞とテレビしか見ない情弱《じょうじゃく》」などの言葉を平気で使う。既存の報道媒体である新聞やテレビは真実を伝えておらず、ネット時代の現代はインターネットの中にこそ真実があり、そこにアクセスしないと真実はわからないという同人の錯覚した持論による。

だが「プロのインテリジェンスの世界では、秘密情報の95～98％は公開されている情報から読み解ける」ともいわれる。実際、新聞とテレビしか見ない人間を「情弱」などと蔑《さげす》みながら、自分はアメリカ大統領選挙の結果をはじめ、誤った情報をもとに多くのデマを拡散してきたことは既述のとおりだ。

中国や韓国に対するあからさまな侮蔑の言動も特徴的だ。新型コロナウイルスについては、当初から「武漢肺炎」の語を多用し、どこが発生源かまだ科学的に解明されていない段階で、中国悪玉論の主張に熱心に加担してきた。

韓国に対しては、「非韓三原則」をツイッター上でも多用し、韓国との〝断交〟を公然と主張し、産経新聞記者から呆れられた過去すらある。

◆**新聞とTVしか見ない人々、いわゆる〝情弱〟**は「少女像ぐらい何だ」と思っている。だが「昭和天皇の肖像をバーナーで焼き、燃え残りを足で踏みつける映像作品」や出征兵士を侮蔑する「墓」の作品等を見たらどう思うだろうか。真実を伏せるメディアに踊らされる人は、恥ずかしい。２０１９年9月27日

◆北京の〝東京—北京フォーラム〟開幕式で王毅外相が「日本は歴史と台湾の問題で約束を守らなければならない」と挨拶。来春の習近平国家主席の国賓訪日が「新時代の中日関係を牽引《けんいん》する重要な一里塚になる」とも。**この傲慢さ、勘違いこそ中国。世界の鼻つまみ者**の面目躍如。２０１９年10月26日

◆今朝の産経抄が「**助けない、教えない、関わらない**」ことが肝要との古田博司・筑波大名誉教授の〝**非韓三原則**〟を伝えている。これこそ重要。可能性は少ないが、韓国が心を入れ換え大人としての関係を望むなら、そのとき初めて日本は非韓三原則を改めればいい。そんな日韓関係を望む国民が大多数だろう。２０１９年7月6日

第5章

門田隆将ノンフィクションの虚構

偏向

1　イデオロギー・ノンフィクションの限界

読売新聞のインタビューで門田隆将が取り上げられた紹介記事がある。2018年8月5日付だが、『敗れても敗れても　東大野球部「百年」の奮戦』の出版にあたり、「自分のノンフィクションのテーマは『毅然と生きた日本人像を描くこと』」と語っている。この方針は独立当初から一貫しているもので、門田にとっては日本人の誇りを鼓舞することに作品の目的があるようだ。つまり、主な執筆対象は他国人であってはダメで、あくまで日本人でなければならない（台湾人を除く）。

同人のテーマは「歴史、司法、事件、スポーツ…」と多岐にわたる。実際、「戦争で戦った人も、事件事故の当事者も、スポーツ選手もいる。だから、広範囲にわたっている」（同）とインタビューの中で答えているとおりだ。門田にとっての作品づくりの目的は、自分の理想とする日本人の生き方を取り上げ、それを読者に啓蒙することにあるようだ。勢い、主人公は神格化されがちで、日本人の恥部といった負の側面が作品の中で取り上げられることはまずない。

同人の代表作といえる『死の淵を見た男』でも、吉田昌郎《まさお》所長を美化しすぎるという批判がつきまとうのはそのためだ。実際は福島第一原発事故において、15・7メートルの津波が来る試算結果が存在したが、それに向けた対策は実行されなかった。この数字が出たとき、吉田は東京電力の東京本店にいて、対策に関わる重要ポスト（原子力設備管理部長）にいた。その意味では、被害の甚大さから鑑《かんが》みて、対策を怠った〝戦犯〟の一人とみなされて仕方のない面がある。一方で、吉田が震災時に日本の壊滅を救うために命がけで職務を全《まっと》うしたことも事実だ。

門田ノンフィクションにおいて描かれるのは実は後者の部分だけである。作品では〝フクシマ50〟（実際は69人とされる）と呼ばれる吉田を中心とする所員らが命懸けで任務を全うし、有史以来の危機から〝日本を救った男〟として、さらに「それは、『戦死』という言葉が最も相応《ふさわ》しい」（『ＷｉＬＬ』２０１３年９月号）といったトーンで描かれる。だが事故の本質は何だったのか。後世の人間が何を教訓として学び取らなければいけないのかといった具体的な点についてはほとんど記述されない。

むしろ事故から10年たったいま、東日本に人間が住めなくなるような壊滅的被害（＝２号機の格納容器そのものの爆発）を免れることができたのは、時の首相らによると「本当に人の力を超えた何かのおかげ」（菅直人『原発事故10年目の真実』）であり、偶然の産物にすぎなかったことが明らかになりつつある。要するに、科学的に見れば１００％彼らのおかげで助かったというわけではなかったのだ。

都合のいい事実だけを強調し、不都合な事実は省く。つまり門田作品は、日本人はこんなに勇敢で素晴らしいとの印象を読者に〝植え付ける〟ことを目的としただけの執筆スタイルといえる。私はこのようなノンフィクションを〝イデオロギー型ノンフィクション〟と定義づけている。門田は雑誌で次のように語ったことがある（ゴシックは筆者）。

「私はこれまで『毅然と生きた日本人』をテーマに本を書いてきました。現代にも『死の淵を見た男』（角川文庫）の主人公である福島第一原発の吉田昌郎所長のような人もいる。吉田所長以下、現場に残った所員たちを海外メディアが『フクシマ50』と呼んで讃《たた》えましたが、なぜ彼らがあの状況下で、使命のために自ら手を挙げることができたのか。その根底は、湯《とう》徳章《とくしょう》さんが叫んだ『**大和魂**《やまと》』と通じているのではないでしょうか。だからまだまだ日本人は捨てたもんじゃない」（『Ｈａｎａｄａ』２０１７年3月号）

はからずも、ここで自らのノンフィクションの執筆目的は〝大和魂〟を宣揚するためとの心情を吐露してしまっている。

つまるところ、書き手にとって都合のいい側面だけを拾い上げ、不要な材料は無造作に切り捨てる。これらは週刊誌の記事作成の手法と同一のものだが、同じ手法を単行本における作品発表の形で行ってきたといえる。それでいて本人はこう述べる。

「朝日は、まず結論ありきで、それに合うエピソードだけを収集し、事実そのものを書かない」（『日本を覆うドリーマーたちの「自己陶酔」』２０１８年）

「自己の主張に都合のいい一方の情報だけを伝えて、都合が悪い情報は決して報じない日本の新聞。もはや、そんなものは『新聞』とは呼ばない」（『新聞という病』２０１９年）

「自己の主張に都合のいいように一部を切り取り、重要な部分を故意に『欠落』させて大衆を誘導することを『あたりまえ』だと考えている日本の新聞、テレビは、そう遠くない将来、誰からも顧《かえり》みられなくなるでしょう」（『Ｈａｎａｄａ』２０１９年12月号）

ここでいう「日本の新聞、テレビ」を「門田ノンフィクションの手法」と置き換えても、意味はそのまま通じる。こうした手法が顕著に表れるのが、彼が「十冊を超える戦争ノンフィクションを書いてきた」（『Ｈａｎａｄａ』２０１９年10月号）と誇らしげに語る、昭和の戦争をテーマにした作品群だ。

冒頭の書籍『敗れても敗れても』は、後述するように、主人公を「英雄」と活字にしてしまっている。客観的なノンフィクションにおいて、このような主観を込めた用語は本来そぐわない。『太平洋戦争　最後の証言』という3部作においても、旧日本軍が行った非行はまったくといっていいほど描かれない。南京大虐殺も、慰安婦問題も、731部隊も、日本軍が沖縄戦で住民を虐待した事実も描かれない。強調して描かれるのは、著者の目的に沿った、懸命に生きた日本兵の姿である。この3部作について本人は次のように弁明する。

「私の『太平洋戦争　最後の証言』（小学館）に対して『戦争を美化している』と批判する人もいれば、『戦死者を否定するのか』と言う人もいる。つまり、正反対の意見が飛び交っているわけですが、私は読者がどんな解釈をしてくれても構わないと思っています」（『WiLL』2018年12月号）

ここでも自分の主張したい材料だけが集められ、それにそぐわない材料は最初から除かれたノンフィクションであることに変わりはない。

左翼の世界では、「プロレタリア文学」というものが世に知られる。社会の矛盾を鋭く突いた作品群を発表し、社会主義・共産主義革命につながる作品を文学の面からサポートするもので、日本では小林多喜二の『蟹《かに》工船』などが典型的な作品として知られる。門田の作品は「プロレタリア文学」の〝右翼版〟と考えればわかりやすい。要するに〝国策ノンフィクション〟と呼ぶに等しいものだ。

最新のノンフィクションとして注目され、10万部を超えるベストセラーとなった『疫病2020』も、これらの意図が見事に反映されたものである。

日本人は素晴らしいと強調するあまり、感染拡大の第1波において日本で新型コロナウイルス感染による死亡者数が少なかった理由を、日本人の他人を思いやる気持ちが強い文化といった漠然としたメンタル面に終始させた。それにより、結果として結論部分を歪《ゆが》めさせてしまった作品である。

なぜなら欧米と比べれば死亡者が少なく済んでいることは確かだったが、東アジアに限ってみれば、日本の死亡数はけっして少ないわけではなく、むしろ多いほうだからだ。欧米に比べて東アジア諸国の死亡数が少ないことは、明らかに別の要因と考えるべきだろう。

要するに門田の作品は日本人を宣揚することに主目的があるため、他国の人から見ればピントの外れたものとなりかねない。一言でいえば、普遍性をもたない作品とも評価することができる。日本人の、日本人による、日本人のための作品と言い換えてもよい。仮に英訳して世界向けに出版しても、彼の戦争作品などは、ほとんど自己満足のレベルを超えないものでしかないだろう。

作者としては、読者の心を一時的につかむ作品であり（日本人が読んでスッキリするもの）、それ

▼吉田所長を神格化した『死の淵を見た男』

で売れさえすればよいわけで、自らの思想の普及を目的とするのが門田作品の特徴といえる。

2　日本人による、日本人のための限定作品

門田の代表作『死の淵を見た男』では、吉田所長に長時間のインタビューに成功しながら、刻々と進む対応策ばかりに取材の時間を費やしたためか、本店時代の津波対策が正面から取り上げられていないことはすでに指摘したとおりだ。この作品を「東電が欲した物語」と評する人さえいる。結果的に、東京電力について都合の悪い事実が書かれていないからだ。

吉田所長については、「本店の吉田」「現場代表の吉田」「東電の吉田」の3つの立場があるとされるが、この本で書かれたのが「本店の吉田」でないことだけは確かだ。

日本人を救うために奮闘した素晴らしい人びととして描くには、都合の悪い事実は作品の設定段階から省くほうがよい。

週刊誌が自説に沿った材料だけを拾い集め、都合の悪い材料を捨てる手法と同じく、門田は書籍においてそのことを露骨に実践する。その結果、主人公は常に〝神格化〟されがちだ。そのため、初めて書籍を手に取る人が素直に「感動の物語」と受け止めたとしても、それは切り取られた材料で意図的に〝感動させられた〟結果にすぎない。著者の思惑に乗せられた姿にほかならないともいえる。

戦争ノンフィクションと同じく、ここで問われるべきは、原発事故の本質、真相、教訓は何かということに焦点を合わさなければ、その場しのぎの〝娯楽〟で終わってしまいかねない。

3　島田知事を「沖縄に散った英雄」と美化

1945年6月、沖縄戦の最終盤、多くの県民が犠牲になった。沖縄軍の最高責任者であった牛島満《うしじまみつる》司令官、長勇《ちょういさむ》参謀長が6月22日から23日にかけて自決。一方で行政側の知事として半年前に赴任していた島田叡《あきら》知事も自決したとされる。だが島田の場合、忽然《こつぜん》と姿を消した後の遺体は最後まで発見されることはなかった。

この知事を、門田はノンフィクション作品『敗れても敗れても』の中で、既述のとおり、「沖縄に散った英雄」とわざわざ章立てしている。私はこの文字を目にしたとき、死者に対する冒とくと感じた。

本人が自ら「英雄」と持ち上げられることを望んでいたかといえば、決してそうではないと考えるからだ。むしろ事後の歴史から振り返ると、自己の職責に忠実に生きた人物としか思われない。そこに「英雄」という独自の〝角度〟を付け加えて神格化を図る門田の行為は、この戦争が正しい戦争であったというバックボーンがなければ出てこない発想にも見える。

こうした美化は、例えば社会主義や共産主義の国で「労働英雄」などと一部の人間を持ち上げ、宣揚する姿とも酷似する。

門田が「靖国史観」を信奉し、日本人は正しかった、素晴らしい民族であると宣揚したい気持ちを持つのは自由だが、過去の死者の価値を自分のイデオロギーに染めて煽る姿は、むしろ死者を貶《おとし》める行為につながりかねない。

門田は小学館から『太平洋戦争 最後の証言』シリーズなる3冊の著作を2011年から12年にかけて上梓《じょうし》した。その中で、沖縄戦の占める割合は極めて少ない。さらにその内容も、沖縄の住民から日本兵が優しくされたといった証言くらいで、沖縄戦の本質に迫る話はまったくと言っていいほど記述されていない。

沖縄戦を調査した者ならだれでもわかることだが、極限ともいえる戦闘の中で、日本軍の本質は明瞭《めいりょう》な形で浮き彫りとなった。

沖縄本島で隠れることのできた場所は自然洞窟のような壕《ごう》、亀甲墓《きっこうばか》とよばれる沖縄独特の墓の中などだったが、そこに隠れていた地元住民を日本兵はわざわざ追い出し、砲弾の下にさらしたなどといった証言は無数に残されている。さらに日本兵は地元住民をスパイ呼ばわりすることも日常茶飯《さはん》だった。その結果、沖縄県民にとっては、米兵より、むしろ日本兵のほうが脅威だったとの心情はしばしば指摘されるところだ。

物事にはさまざまな局面において、さまざまな事実が存在する。「住民を守らなかった日本軍」をまったく描かないで、どうして沖縄戦における戦場の真実を描いたことになるのだろうか。

もちろん、門田が年老いた元日本兵に取材し、沖縄の現地住民から優しくされたとの証言を得て、それを活字にするのは自由だ。だが単にそれにとどまっていては、『太平洋戦争』と称していながら、逆に真実を覆い隠す意図があったと見られても仕方がない。

都合のよい断片的事実を描いても、真実を描いたことにはつながらない。その意味で門田ノンフィクションから普遍的な歴史の教訓を読み取ることは難しい。本人は「事実のみを描くのがノ

▼門田の戦争物では旧日本軍の"不都合な真実"はネグられる

ンフィクション」と訳知り顔な主張をするが、彼が描いているのは、自分にとって都合のよい一面の事実にすぎない。

門田隆将のノンフィクションには重要なところで事実を正確に反映していない箇所が随所にみられる。例えば『敗れても敗れても』の第1章では、沖縄県の戦中最後の知事となった島田叡を取り上げた部分で次のように記述する。

「70年前の6月、最後の沖縄県の官選知事・島田叡は、信頼する沖縄県警察部長の荒井退造とともに、摩文仁《まぶに》の激戦地で消息を絶った。2人は、数々の苦難を克服して台湾や沖縄北部への沖縄県民の疎開を推し進め、20万人におよぶ県民の命を救った」

島田の着任は1945年1月だが、実際の疎開作業は前年の6月から行われていた。つまり島田の着任する前から疎開作業は進められており、そのとき体をはって推し進めたのは沖縄県警察部の荒井退造部長だった。その結果、数万人の沖縄県人が九州などに疎開し、結果的に命を救われたことは事実である。

門田の作品は東大野球部出身の島田を宣揚せんとばかりに、重要な数字をデフォルメしている。県内の北部への疎開を推し進めるのに島田知事が関与したことは事実だが、「20万人」は事実に則さない過大な数字だ。また島田の働きがなかったら全員が戦争の犠牲になっていたかといえば、そうともいいきれない。北部に疎開しても、マラリアで命を落とした者は多くいたからだ。

私は戦争ノンフィクションなるものは、戦争の冷徹な事実をありのままに提示し、そこから読者に「教訓」を読み取ってもらうことに最大の意義があると考える。最初から日本人を持ち上げることを目的とした、客観を装う〝イデオロギー型ノンフィクション〟からは後世に役立つ教訓は生まれてこない。

確かに門田以前に「島田知事らによって20万人の沖縄の住民を救われた」旨を記述した先行ノンフィクションは存在する。ただしこれは史実を厳密に踏まえない、その著者特有のその段階における不正確な書き方である。

要するに門田の描くノンフィクションが、自己の事実的な検証に基づいたものではなく、他人の受け売りの数字を記載したにすぎない事実を裏づけているといえよう。

実際に島田知事が自ら立案し、実行して20万人を疎開させた事実が存在するのであれば、前出の記述は成り立つが、島田知事が沖縄に赴任したのは1月末、さらに3月末にはすでに「鉄の暴風」とも形容される沖縄戦が始まる。わずか2カ月間で疎開させた人数が20万人に至るわけがない。さらに疎開方針は、島田知事が自ら立案したものではない。上から降りてきた行政方針を、知事職として実行したものにすぎない。

行政官として当然ともいえる業務を行ったことを、その個人のお陰で住民が救われた、英雄だなどと描くのは、過度な神格化作業でしかなかろう。

もしこれが逆の話だったらどうだろうか。仮に南京大虐殺の犠牲者数だったとしたら、門田はこんな水増し数字の書き方に乗っただろうか。私は同人の政治信条からして、ありえなかったと考える。

ノンフィクションは小説と異なり、「事実」に基づいて記載される。ノンフィクションはあまたある「事実」を使い、「真実」を浮き彫りにする作業ともいえるだろう。

結論からいうと、門田隆将のノンフィクションは、「事実」は描かれていても、「本質」が描かれていないものが多い。特に戦記物にはその傾向が顕著だ。

彼の思想信条は天皇崇拝の心情が強く、天皇の軍隊といわれた旧日本軍の非行・蛮行には積極的には触れたくない、書きたくないという信念があるように見える。

4　コロナ作品でもねじ曲がった結論

門田ノンフィクションの〝バイアス〟については２０２０年発刊の『疫病２０２０』においても同様だ。

繰り返しになるが、門田の作品には明確な傾向がある。一つは日本を悪く評価するものについては扱わない。さらに旧日本軍や自衛隊について悪く書かない。

『疫病２０２０』でもその傾向は変わらない。いわば、事実に基づくと称しながら、同人の作品は最初から「バイアスのかかった作品」ともいえる。

この本の最終章である第14章を見てみよう。そこには日本を持ち上げるための次の記述が羅列される。


「依然、日本は持ちこたえていた」

「ゴールデン・ウィークの行動自粛は、間違いなく『歴史に残るもの』だった」
「世界トップの医療水準」
「世界で類をみない衛生観念を持つ清潔な国民性」
「他人を思いやる気持ちが強い文化」

その上で、「日本の死亡者の少なさは世界からは『奇妙な成功』」などと書いている。これは明らかに事実と異なる記述だ。日本は欧米に比べれば死亡者数は確かに少ないが、アジアの中では平均よりも悪いのが現状だ。そのため産経新聞客員特派員の古森義久も著書『米中激突と日本』の中で「日本の奇跡などと自慢することはできない」とはっきり述べているとおりだ。

だが門田は実際のファクトを捻《ね》じ曲げ、「日本はすごい!」「日本は素晴らしい!」と連呼する。あらかじめ結論の想定されたノンフィクション——。コロナ関連書籍といいながら、本格的なアベノマスク批判も出てこない奇妙な書だ。読者はこの本の書き手の意図が別にあることをよく弁《わきま》えるべきだろう。

その意味で、『疫病2020』で、「ウイルス禍ノンフィクションの決定版」「この怪物がすべてを暴いた」という宣伝文句は過剰極まりない。ノンフィクション作品の実績をもつわけではない出版社(産経新聞出版)が、売り上げのみを狙ってひねり出したキャッチ・コピーとしか言いようがない。

この中の第9章で「リアリストたちの反乱」という箇所がある。内容は、安倍政権を支持してきた言論人・文化人がこの新型コロナウイルス問題について遂に政権批判の声をあげた。是々非々の立場で対応した。政権の太鼓持ちではないと主張するかのような内容である。

それまで森友学園・加計《かけ》学園の両問題について「なんの問題もない」と主張してきた門田は、安倍政権の〝提灯《ちょうちん》持ち記者〟との批判を気にしたのか、実際は安倍政権の批判もやっているとアリバイ作りをしているふうに見えなくもない。ここで〝リアリスト〟として描かれた面々を見てみよう。

高須克弥、百田尚樹、有本香《かおり》、石平《せきへい》……。

見ればわかるとおり、歴史修正主義の雑誌に日常的に登場する面々だ。例えば有本香が編集して百田尚樹が執筆した『日本国紀』（幻冬舎）というベストセラーとなったいわくつきの書籍がある。ここでは歴史的史実である南京虐殺について「占領後に捕虜の殺害があったのは事実だが、民間人を大量虐殺した証拠は一切ない」「客観的に見れば、『「南京大虐殺」はなかった』と考えるのが極めて自然」などと記している。

これに対し南京事件研究の第一人者で4万人不法殺害説を主張してきた現代史家の秦郁彦《はたいくひこ》は、「人気作家がベストセラーを書いたからといって、必ずしも立派な作品であるとは限らない」と前置きした上で、「多数の民間人が便衣兵《べんいへい》とともに揚子江岸《ようすこう》で銃殺されたことは間違いありません」「いまでも『なかった』という人の声が意外に大きいのは不思議」(いずれも『百田尚樹「日本国紀」の真実』)と、百田の記述を全面否定している。

この問題は被害者側はおろか、加害者側である旧日本軍兵士らの記録によっても、すでに裏づけられている問題である。

要するに百田尚樹は史実に基づかず、自らの小説家としての知名度を用いて、偽りの歴史を書いて恥じない作家であることが明らかだ。そのことは関東大震災における朝鮮人虐殺の史実について、「この話には虚偽が含まれている」などと確かな根拠もなく書き飛ばしている姿からもうかがえる。

歴史的史実ではなく、自己の願望を優先して歴史を理解する態度を「反知性主義」という。平たくいえば夢想主義者だが、門田はこんな仲間たちを指して「リアリスト」と称賛してやまない。

もう一つ、この作品の問題点はやたらと匿名《とくめい》証言が挿入されている点にある。「大手紙科学部のデスク」「取材に当たった政治部記者」「自民党の中堅議員の一人」「別の議員」「トヨタ系列企業の幹部」「官邸の関係者」「現場で取材にあたった社会部記者」「官邸クラブキャップ」「官邸記者クラブの記者」「ある官僚」「厚労省の担当記者」「二人の関係を知る人物」「平河クラブのベテラン記者」といった、本当に語ったかどうかわからない固有名詞ではない証言が非常に多く挿入されている。こうした手法を「週刊新潮」では藪《やぶ》の中方式と呼ばれてきた。匿名証言を多用することで、読みやすさが生まれる半面、その信ぴょう性は疑われてきた。

門田はこの作品においてその種の手法を多用し、文章自体はよみごたえのあるように見せている可能性が残る。ノンフィクション作品として見た場合、その真実性には明らかに疑問符がつく。

5　現場を歩かずに書き飛ばした作品も

門田の作品に国内のテロ事件を題材にした『狼の牙を折れ』（小学館）がある。１９７４年の「三菱重工業爆破事件」を警視庁公安部の視点で追ったノンフィクションだが、舞台となった東京・荒川区尾久の描き方が〝創作にすぎない〟との指摘がある。

門田の本では「急に振り向かれたら危ない。農地が多いだけに姿を隠すところもない」として農地の広がる地帯として描かれているが、事情を知る地元住民は笑い飛ばす。なぜなら当たり一帯は中小・零細企業が集まる町工場のひしめく一帯であり、農地ではない。隠れる場所もいっぱいあるからだ。要するに、門田は現地を歩いて関係者に確認することなく、ノンフィクションという名の〝フィクション〟を書いたと指摘されている。門田は２０１０年秋ごろ、母校の中央大学からの取材に次のように答えている。

「取材を他人まかせにしたらいいノンフィクション作品は書けません。自分一人で取材をするのは大変ですが、じかに取材しなければ、相手の表情や仕種《しぐさ》をはじめ、その人の深い部分まで触れることができませんから」（Ｃｈｕｏ　Ｏｎｌｉｎｅ）

だがこの言葉とは裏腹に、彼は現場を歩かないで作品を書いたと指摘された。現場を歩かないノンフィクションというものがノンフィクションといえるのだろうか。

第6章

馬に喰わすほどある〝言行不一致〟語録集

偽善

1 「命が一番大事」の軽さ

古来、「一流の人間」は、自ら語る言葉と自身の行動とが一致する〝言行一致の人物〟として知られてきた。他方、言うこととやることがまるで異なる、あるいは正反対といった場合、一般には信用のおけない人物とみなされる。

門田隆将のこれまでの発言や主張を振り返るとき、自らの発言と行動があまりにも一致しない場合が多いことに気づく。むしろ正反対と言ってよい。その驚くほど杜撰《ずさん》な〝自語相違〟の姿に、真実を知ることになる読者は驚かれるにちがいない。先鋭的な主張が多いことで知られる門田の言動は、そのほとんどが〝ブーメラン〟となって、自らに突き刺さるケースがほとんどだからだ。この章では同人の〝言行不一致〟の実例をできるだけ多く紹介する。その数はまさに〝馬に喰わせる〟ほどの多さだ。

2020年12月2日、東京・憲政記念館で日本会議系の団体として知られる「美しい日本の憲法をつくる国民の会」主催の憲法改正を求める集会が開催された。この団体は櫻井よしこ（ジャーナリスト）、田久保忠衛《ただえ》（日本会議会長）、三好達《とおる》（日本会議前会長）の3人が共同代表を務める。会合の正式名称は「国会に憲法改正論議を求めるオンライン国民集会」。与野党の議員を呼び、識者などが発言する集会だった。

同年8月安倍晋三首相が退陣し、それまで「安倍首相の下では憲法論議はしない」と主張していた野党第一党の立憲民主党の立場が崩れることになったため、両院の憲法審査会を軸に改憲論議の機運を高めようとする意図で開かれた集会だったといえる。

主催者の一人であるジャーナリストの櫻井よしこが冒頭、改憲勢力が両院で3分の2以上の議席を持ちながら、これまでこの問題を前に進めてこなかったと厳しい口調で叱責した。出席する国会議員を激しくなじる姿が印象に残った。実はこの集会に招かれたゲストの一人が門田隆将だった。

この会合で門田はまず、「命がいちばん大事である」との前振りを行ったあと、日本は中国のおかげで危機的な状況にあると強調し、このまま国防の手当てをしなければ、日本は将来中国に属国化され、奴隷にされるかのようないつもながらの〝極論〟を振り撒《ま》いた。危機を煽り、自分に注目を集める同人の常套《じょうとう》手段である。

門田はコロナ騒動のときも、命がいちばん大事であると主張していた。自著でも「人間にとって、一番大切なものは『命』」（『日本を覆うドリーマーたちの「自己陶酔」』）、「国民の『命』を守ることは、言うまでもないが、『究極の自衛』である」（『新聞という病』）と主張してきた。

7 13版 令和3年(2021年)1月19日 火曜日

米感染死 40万人目前

コロナ 第二次大戦戦死に匹敵

米国での新型コロナの死者は40万人に迫る

1月21日	5月23日	9月21日	12月14日
初の感染例確認	10万人超え	20万人超え	30万人超え

【ニューヨーク＝上塚真由】米国では今年に入り新型コロナウイルスによる死者が1日当たり3千～4千人となる日が相次ぎ、累計死者数が第二次世界大戦の戦死者数に匹敵する40万人に迫っている。昨年1月21日に米国内で初の感染例が確認されてから約1年を前に、累計感染者数約2390万人は死者数と並び世界最多となっている。感染封じ込め策は奏功せず、収束の気配はない。

米ジョンズ・ホプキンズ大の集計によると、累計死者数は39万7600人で、米退役軍人省が発表する第二次大戦の戦死者数（40万5399人）に並ぶ規模となった。累計の死者数は昨年5月23日に10万人を超え、約4カ月後の9月21日に20万人を突破。さらに3カ月弱後の12月14日に30万人となった。冬に入り死者数は急増し、1カ月あまりで10万人増加するペースとなっている。

感染爆発の「第1波」は昨年春に東部ニューヨーク州で起き、

った。現在は米国
州に流行が広がり
逼迫《ひっぱく》が深刻化して
状況悪化の要因
器系の感染症が
い冬場という事情
長引く規制によ
疲れ」や年末年
で、人の移動が
たことが挙げら
また、感染防

新型コロナウイ

米国	2393万6772人（39万7600人）
インド	1057万1773（15万2419）
ブラジル	848万8099（20万9847）
ロシア	355万2888

※18日現在、（　）内は死

露 非難

17日、モスクワ郊外のブヌコボ空港で、警察官に拘束されるナワリヌイ氏の支持者とみられる男性（AP）

ている。
制やインターネ
化する法改正をあわせ
行った。スパイと同義で
「外国の代理人」の指定
も拡大した。欧米の批判
とわず、反政権機運を
さえ込む姿勢が鮮明だ。

▼米国で40万人のコロナ死者を出すも門田はトランプ擁護一辺倒

一方で、新型コロナウイルスの脅威を軽視し、マスクを付けることも奨励せず40万人以上の世界最多の死者数（2021年1月の退任時点）を出したアメリカの最高責任者・トランプ大統領をこの件で同人が批判したことは、私の知る限りただの一度もない。アメリカの世界に占める人口比率は5％に満たないが、世界全体のコロナ死者に占めるアメリカの死者の割合は20％近い。これはまさに「人災」ともいうべき現象といえる。逆に、トランプの主張する不正選挙のデマには迎合し、トランプを最後まで擁護する姿勢だけが鮮明だった。

「命がいちばん大事」と言いながら、多くの自国民を死に追いやった政治責任には無関心で、逆にトランプを擁護する姿勢は、矛盾そのものといえよう。彼はアメリカ人の命は、日本人の命よりも軽いとでも考えているのだろうか。

ニューズウィーク日本版（WEB版）が2021年2月12日に掲載した記事によると、アメリカの新型コロナ死亡者の40％は「トランプのせい」とする報告書が医学誌ランセットに発表された。この雑誌（ランセット）は「世界で最も歴史があり知名度も高い医学誌」と記事で説明されているが、この説をとると、トランプの失政によるアメリカのコロナ被害者（死亡者）は20万人近くにのぼる。トランプの無策によってこれだけの人が無駄死にした計算になる。

つまるところ、門田の主張する「命が大事」とのスローガンは、ただの口先だけのものにすぎない。

◆「いのちが一番大事」といいながら、コロナ無策で20万人の自国民を無駄死にさせたトランプ前大統領を熱烈擁護の矛盾・・・①

2 「不正選挙」批判の偽善

前項との関連になるが、門田は2020年11月のアメリカ大統領選挙において、自分の支援するトランプ大統領の敗北が明確になると、トランプ陣営の主張に同調し、中国などが介入した「不正選挙」の疑いを盛んに発信した。同人がアメリカ国籍をもつ同国民ならまだしも、外国人の立場で他国の選挙に深入りしすぎたことは疑いようがない。

しかも門田の発信する情報は、トランプ陣営やその仲間の〝受け売り〟のレベルのものばかりで、伝聞情報（いわゆる2次情報）の域を出ないエビデンスの乏しいものばかりだった。ドミニオン疑惑、死亡者投票など、アメリカ現地では多くがファクト・チェックされ、すでに虚偽として確定済みのものばかりだった。驚くべきことは、こうした行動が選挙人が各州で確定された12月8日以降も、延々と続けられたことだ。

米大統領選の「不正選挙」の主張を続けながら、一方で日本国内の不正疑惑には無関心なままだった。愛知県知事リコールを求める署名運動を呼びかけ、自分で記事を書いて煽り、名古屋市長や高須院長に行わせたリコールを求める署名活動のことである。２０２０年10月には署名は締め切られ、しかもその署名は、8割以上が不正に水増しした代物であったことが後で判明した。

署名を集める運動の前線にいた高須院長に対し、門田はＳＮＳ上で盛んに声援を送りながらも、その不始末が明るみになっても自らの責任に言及することはなかった。

自分でけしかけておきながら、自身が直接責任をもつ日本国内の運動には知らんぷりを決めこむ。その一方で、日本とは直接無関係のアメリカ大統領選挙には執拗《しつよう》に難癖をつけ続けた。門田は雑誌で次のように語っている。

「都合の悪いことを無視するのは彼ら（※朝日新聞）の得意技」（『Ｈａｎａｄａ』２０１７年10月号）

「朝日はとにかく、自分に都合のいいことしか報じない」（『Ｈａｎａｄａ』２０１９年９月号）

これらは主語の「朝日新聞」を「門田隆将」に置き換えればそのまま通用するものだ。責任をとるべき事柄から目を背け、自身と直接関係のない問題に難クセをつける。自語相違の体質が見事に露《あら》わになったのが、２０２０年秋から翌年春にかけての２つの出来事だったといえる。

◆アメリカ大統領選挙の不正疑惑を吹聴しながら、自身が関わった愛知県知事リコール署名「不正」の責任にはダンマリ・・・②

3　裁判所批判のダブルスタンダード

2003年、門田隆将の名で最初に発表された作品は『裁判官が日本を滅ぼす』だった。彼の著作によれば、日本の裁判官は「まともに事実認定すらできない」無能な人々であり、その無能さゆえに、日本を滅ぼす存在と指摘してきた。だがそう主張する本人は、「週刊新潮」時代の民事裁判は負け続けで、裁判官に積もり積もった恨みでもあるかのようだ。

門田は裁判官に「事実認定能力がない」と悪罵《あくば》を投げつける一方で、自分自身に、記者としての事実認定能力がないことにはあまり関心がないようだ。

記者としてその能力があれば、無実の人や団体を3度にもわたって殺人者呼ばわりすることもなかったはずだ。事実的根拠もないままに〝狂言〟に踊らされ、無実の人を犯罪者扱いして貶《おとし》めることもなかっただろう。さらに同人にその能力が備わっていれば、2020年のアメリカ大統領選挙においても、トランプ陣営の垂れ流すフェイクニュースに踊らされることもなかったはずだ。また高須院長らの不正行為も見抜くことができたかもしれない。彼は裁判官などの他者に対し、事実認定能力がないなどと批判する「資格」がそもそも存在しない。

さらに裁判所を官僚裁判官などと批判する一方、自分の仲間が勝訴すれば、その結果についてはもろ手を挙げて受け入れる行動も不可解だ。つまり、自分にとって都合のよい判決は認め、自分の思うようにいかないものには「裁判官が日本を滅ぼす」などと難クセをつける。

門田は2011年に池田知加恵が起こした著作権訴訟でも、自分を負けさせた裁判官に言いたい放題の罵詈雑言《ばりぞうごん》を投げつけた。それでいて1審で完全敗訴した直後は、2審の逆転勝訴をめざし、代理人を増強。新たに増強した弁護士は、いずれも裁判官出身の弁護士だった。これもまた、自分にとって都合のいいときは裁判官を認め、都合が悪いときは批判するご都合主義を物語った行動といえる。

2020年11月、元朝日新聞記者の植村隆が慰安婦問題に関する過去の新聞記事を捏造《ねつぞう》記事よばわりされ、ジャーナリストの櫻井よしことダイヤモンド社、ワック、新潮社を訴えた裁判の最終的な結論が最高裁において下された。

この裁判では櫻井よしこの書いた記事の「真実性」は認められなかったものの、「真実相当性」を認めることで違法性を免責した。既述のとおり、櫻井は門田の盟友であり、〝後ろ盾〟ともいえる存在だ。櫻井の勝訴については、「全面勝訴」「完全勝訴」と手放しに擁護してみせた。

だがこの判決は、本来、「真実相当性」で免責されるにはそのための必要条件とされてきた相手本人への直接取材が行われていない中で出された〝いわくつきの判決〟だった。仮にこれが櫻井ではなく、敵対するだれかであったら、門田が「全面勝訴」などと擁護したことは考えにくい。

いつもながら、官僚裁判官が下したトンデモ判決として糾弾したことは間違いなかろう。

同じ結論であっても、相手によってその態度を見事に変える。門田は櫻井よしこについて、「櫻井よしこさんは間違いなく〝日本の宝〟である」（『WiLL』2015年12月号）などと持ち上げてきた。自分や身内同然の仲間さえよければそれでいい。そうした姿勢を一般には「ダブルスタンダード」と呼ぶ。

◆日本の裁判官を事実認定できない官僚裁判官と批判する一方、仲間の勝訴判決は手放しで認める二重基準・・・③

4 「謝らない国」「反省しない国」の偽善

日本の隣国である韓国や中国に対する門田の態度は、まさに〝嫌中嫌韓《けんちゅうけんかん》〟を地で行くものだ。ツイッターでも「特定アジア」（特亜）というネトウヨの使う言葉を用いて平気で発信してきた。「特亜」は中国、韓国、北朝鮮の3カ国を指す侮蔑《ぶべつ》用語である。

門田が自分や自分の仲間には甘く、日本の敵と称する勢力にはことごとく冷たく当たることはこれらの事例を見れば明らかだ。既述のとおり、同人にとっての「内なる敵」は朝日新聞、毎日新聞、NHKを指し、政党では立憲民主、共産、社民、そして公明党だ。

同人にとっての「外なる敵」である中国、韓国への憎悪もすさまじい。韓国に対してはブログ上で公然と〝断交〟を呼びかけた前歴（ブログ記事）があるし、最近は中国への憎悪がすさまじい。

産経新聞記者の古森義久と行った対談著作では、門田は中国を「モンスター」「フランケンシュタイン」「絶対謝らない国」などと批判し、韓国に対しても「反省しない国」と批判する。たとえば中国は新型コロナウイルスの発生源になりながら他国に対して一切謝罪することなく、逆に、誇らしげな態度でいることを痛烈批判してきた。

一方で自身の態度や生き方を振り返るとどうだろうか。第1章、第2章でみてきたとおり、門田隆将こと門脇護は多くの捏造記事で無実の人や団体に「殺人犯」のレッテルを張り貶めておきながら、相手にまともに謝罪したことがない。盗用の被害者に対しても、文句をつけたことはあっても、本人に謝罪した形跡はない。

門田のこの態度は、同人が批判する「中国」の姿勢なるものと、実は何ら変わるところがない。自分は許されるが、他人には許さない。

同人の中では、「責任をとらない」「謝罪しない」「自分だけは常に正しい」の3原則が常に一貫している。

◆中国を「モンスター」「フランケンシュタイン」「絶対謝らない国」と批判し、韓国を「反省しない国」と痛烈批判しながら、自分自身が発したデマ記事について「反省」「謝罪」することはない・・・④

5　言論の自由めぐる偽善

過去に裁判所から命じられた賠償金総額が2億円を超えると見られる日本一の人権侵害雑誌「週刊新潮」で長年仕事をしてきた門田は、裁判などでは言論の自由を大上段から振り回す主張で知られてきた。

「表現の自由は、長い時間をかけ、多くの犠牲を払って人類が獲得した崇高なもの」（『Ｈａｎａｄａ』２０１９年12月号）

「多様な言論が飛び交い、そこで生じた自由な思考空間を守ることが『言論・表現の自由』

の根幹」（『日本を覆うドリーマーたちの「自己陶酔」』２０１８年）

「言論や表現の自由は、それ自体が民主主義国家の『根本』」（『新聞の病』２０１９年）

これらも自分の仕事上の権利が何より重要で、虚偽を書かれて傷つけられた者の権利などどうでもよいといった姿勢が顕著である。彼にとっては自分の権利こそが重要で、他者の権利はそれより劣るといった感覚が明らかだ。

２０１３年8月、朝日新聞が慰安婦問題で検証記事を掲載すると、櫻井よしこなどの右派言論人は朝日新聞の廃刊を叫ぶまでになった。また門田も、同年5月に朝日新聞に掲載された吉田調書報道をめぐり誤報である旨を主張し、慰安婦記事と並んで9月、朝日新聞が社長自ら記者会見で謝罪して幕引きを図ると、朝日新聞の廃刊を唱えるようになった（ゴシックは筆者）。

「櫻井　私は、朝日新聞の廃刊を促したい。（中略）

門田　朝日のやったことは、たしかに**廃刊に値する**と思いますね」（月刊『正論』２０１４年10月号）

「ジャーナリストの櫻井よしこ氏は、自民党での講演で、日本の過去と現在と未来に対して謂《い》われなき中傷をつづける朝日新聞は、『廃刊すべきだ』と述べた。**私もその通りだと思う**」

（『ＷｉＬＬ』２０１４年10月号）

「週刊新潮」時代、「言論の自由」を声高に主張して免責を求め続けた同じ人間が、朝日新聞に対しては、〝言論の死〟ともいえる廃刊を求める。さらに「朝日新聞社長の国会招致」（月刊『正論』２０１４年11月号）まで公然と求めた。門田は自著の中で言論の自由について次のように説明している。

「言論・表現の自由がいかに大切かということの本質を、18世紀にいきたこのヴォルテールは語っています。要は、たとえ自分の意見とは違っていても、その人の言論や思想は守らなければならないということであり、それは同時に、前述のように『１００人いれば、１００人の読み方がある』ということを認め、そこで生まれる読者の自由な思考空間、あるいは思想空間を守る、ということでもある」（『日本を覆うドリーマーたちの「自己陶酔」』）

それでいて朝日に対する門田の行動は、明らかに正反対だった。門田にとっての「言論の自由」とは、自分にとっては必要以上に重要なものだが、他の報道機関（特に朝日、毎日、ＮＨＫ）

に対しては認めないというご都合主義そのものだ。

自分の古巣である新潮社社長が月刊誌「新潮45」の休刊を決めた際は、「私が勤めていた頃の新潮社はそんな会社ではなかった」「気概のある役員もいなくなった新潮社」（いずれも月刊『Ｈａｎａｄａ』２０１８年12月号）など、新潮社幹部の対応を大っぴらになじってみせたこともある。

自分は許されるが、他人には同じことを許さない。ここでも二重基準がはっきりしている。

◆言論の自由は一番重要と主張しながら、朝日新聞の「廃刊」を叫んだ過去・・・⑤

6 「ドリーマー」と「リアリスト」の恣意的立て分け

門田の造語に「ドリーマー」と「リアリスト」の2分法がある。同人のツイッターのアカウントには次のように書かれている。

「現在の日本を『ドリーマー（夢見る人、観念論の人）』と『リアリスト（現実主義者）』との対立の時代と捉え、ＤＲ戦争と呼んでいる」
この言葉の初出は門田が雑誌に書いた月刊『ＷｉＬＬ』と思われるが、そこでは次のように説明されている。

「私は、今の日本は、『ドリーマー（空想家、夢想家）』と『リアリスト（現実を見る人）』との対立の時代だと思っている」（２０１５年12月号）

ツイッターではこう説明される。

◆日本の新聞は大雑把《おおざっぱ》に**「中韓の言いなりでいい」の朝日・毎日**、「日本はもっと毅然と主張を」の読売・産経に大別される。**前者はドリーマー、後者はリアリストが読む**。ネットの発達でリアリストが増えたのは喜ばしいが部数には結びつかない。だが前者が減る毎《ごと》に日本は戦後民主主義の呪縛から脱け出せる。２０１９年9月13日

門田の定義によれば、ドリーマーは夢追い人で、メディアでいえば、朝日新聞、毎日新聞、Ｎ

HKを指す。一方のリアリストは彼の定義によると産経新聞、読売新聞を意味する。著書でも次のように書いている。

「いま日本の新聞は是々非々で『現実』を報道するものと、単に『反対のための反対』の新聞とに明確に分かれている。さて、どちらが生き残るのかは、もはや自明というほかない」（『新聞という病』）

特に朝日と毎日に対する批判は痛烈で、この2つの新聞については「日本の病巣」（『Ｈａｎａｄａ』２０１９年８月号）とまで口にしたこともある。彼の考えでは、自身は「究極のリアリスト」（『日本を覆うドリーマーたちの「自己陶酔」』２０１８年）であり、空想に基づく主張をするドリーマーとは区別される。この立て分け自体、自分はよいが、相手はダメというご都合主義を示すものだ。

日本国憲法9条を大事にする平和主義者は、彼の定義では〝ドリーマー〟として馬鹿にされる。ひどいときには「9条信者」などと侮蔑されることもある。

さらに日本からの先制攻撃につながりかねない敵基地攻撃論を容認する者はリアリストであり、これに反対する公明党などはドリーマー扱いされている。

要するに自分の意見は常に「リアリスト」、そうでないものは「ドリーマー」というレッテル貼りをするための道具として、この2つの言葉は活用される。

敵と味方に2分し、敵を攻撃・批判し、味方を持ち上げる。敵には憎悪をぶつけ、さらにその憎悪を増幅させるような言葉を多用する。その手法はさながら近いところではトランプ前大統領、遠いところではヒトラーなどの「扇動家」のそれと似通っている。

先のアメリカ大統領選挙でも、トランプ陣営のフェイク情報を鵜呑みにして、まさに「ドリーマー」の典型的な姿を示したのはむしろ門田のほうだった。自分は〝都合のいいときだけのリアリスト〟であるにもかかわらず、決して「ドリーマー」ではないと頑《かたく》なに思い込んでいる滑稽《こっけい》な存在である。

◆「ドリーマー」と「リアリスト」の都合のよい立て分け・・・⑥

7 「事実が大事」と言いながら都合よくファクトを無視

「ファクト（事実）に基づかず、自己の主義・主張だけに固執している朝日新聞をはじめとする記者たちが罹《かか》っているものを『自己陶酔型シャッター症候群』と呼んできました。彼らは『われわれは権力と戦っているのだ』と思い込んで、自分自身に酔っているわけです」
（『Ｈａｎａｄａ』２０１７年10月号）

本人の説明によれば、「自己陶酔型シャッター症候群」の意味は、自己陶酔に加え、自分の都合の悪いことにはシャッターを落として見ないようにしてしまう逃避的な態度のことを指す。門田は朝日を指して、事実ではなく、主張や論ばかりを書く〝活動家〟と位置づけ、蔑視する姿勢を鮮明にしてきた。ツイッターでは次のように述べる。

「日本のジャーナリズムには記者というより活動家を名乗った方がいい人が本当に多い」
（２０１９年８月27日）

▼自分も活動家なのに、左翼だけを攻撃する門田の自語相違本

仮に、門田の立ち位置が客観公正なものであればそのような主張も成り立つだろう。だが客観的にみれば、同人はまぎれもなく中立的な立ち位置にはいない。

同人の称賛する新聞は常に産経新聞であり、そこで連載コラムや看板コラムである「正論」を執筆する。要するに彼は朝日や毎日を左翼活動家のための新聞であり、朝日や毎日の記者を〝ペンを持った活動家〟などと見下してきたが、そう主張する自分自身は、一方の極である右翼活動家そのものだ。そうした実態はまるで自分の視覚には入らないようである。

自分さえよければいいという傲《おご》りの感情が、曲解を生むものと推察される。実際は自身がそうであるのに、その指摘を受ける前に相手に同じ指摘をかぶせる手法。そうした手法を彼らは「韓国のデマ戦法」と名づけている（後述）。極めつけは、次のように主張する。

「記者、ジャーナリストは何に忠実であるべきかといえば、ファクトです。これが何よりも重要なこと」（『Ｈａｎａｄａ』２０１７年10月号）

「私は長年の職業的習性でファクト（事実）しか見ない」（『Ｈａｎａｄａ』２０１８年6月号）

アメリカ大統領選挙における行動を強調するまでもなく、門田は自分できちんと取材しない。つまり、ファクトをつかまないままに発信する態度が明らかだ。それは旧日本軍の慰安婦問題においても明らかだ。彼は慰安婦問題についてまともに取材したこともないのに、生半可な情報を垂れ流してきた。例えば、慰安婦は日本人将校よりも高い給料で募集され、高収入を保障されていたといった与太話を繰り返してきた。

「慰安婦は、『兵士の三十倍の月収』が提示され、募集されていたことになる。現在の兵士の給料を仮に二十万円とすれば、三十倍は六百万円だ。年収にすれば、実に『七千二百万

円』を保証されていたことになる」（『ＷｉＬＬ』２０１４年４月号）

当時の新聞における募集広告と、実態との間に、どれほどの乖離《かいり》があったか、多少取材してみればわかる話だが、彼は自説に都合のよい方向に、ファクトも固めずに扇動する存在だ。

◆朝日記者を左翼の活動家とバカにするも、自身の内実は産経擁護の極右活動家・・・⑦

8　情報弱者と見下す心情

「いま日本は、新聞とテレビだけに情報を頼る〝情報弱者〟とインターネットも情報源としている人たちとの間に、情報と意識の大きな乖離が生じている」（『ＷｉＬＬ』２０１８年６月号）

この人物の人を見下す行動には顕著なものがある。たとえば新聞と地上波テレビ（一般のテレビ）しか見ない人（＝そこからしか情報を得ない習慣の人）を指して、しばしば〝情弱〟（情報弱者）と侮蔑してきた。

つまり既成マスコミは真実を伝えておらず、本当の事実はネット上だけに流通しているという彼なりの持論である。彼の場合は、その持論の上に、既存のマスコミだけから情報を得る人間を小ばかにしているところに特徴がある。

だが先のアメリカ大統領選挙を見るまでもなく、真実の情報は既存メディア側にあった。逆にトランプ陣営は既存メディアは真実を流さない旨を主張し、門田らもそれに乗っかる形となった。たとえどのような機密情報や希少な情報に接することのできる立場にあろうと、それらの情報の真贋《しんがん》を見抜く能力（いわゆる情報リテラシー）が伴わなければ、多くの情報も無用と化す。門田の事例はまさにそのことを指し示すものだ。

インテリジェンスのプロの世界では、公開情報で秘密情報の9割は読み解けるというのが鉄則だ。「新聞とTVしか見ない人々」は真実を知らないとの門田特有の思い込みは、プロフェッショナルの世界では通用しない〝亜流〟ともいえる考え方である。自身の優越感がなせるそうした態度によって、彼はこれまでも大きな失敗を犯してきた。

◆ネットにこそ真実があると主張するも、ネットの虚偽情報を自ら堂々と拡散してきた過去・・・⑧

9 人権侵害にも二重基準

この章で述べてきたことの項目はすべて門田特有のダブルスタンダード（二重基準）の実例といえる。それは「人権」を考える際にも顕著に表れる。たとえば、中国を敵視するあまり、中国周辺の人権侵害についてはだれよりも熱心に主張する。

たとえば香港に対する中国の香港国家安全維持法（国安法）による弾圧や、チベットやウイグルなど周辺の少数民族への人権侵害については常に強調する。その一方、日本国内で起きている在日外国人をめぐる人権問題などについては皆目関心を持っていないように見える。

日本では入国管理のあり方がしばしば国際基準からかけ離れたものとして報じられており、特に在留期限を超えた外国人を収容する入管収容所などにおける人権侵害の状況はしばしば話題にのぼる。それらの外国人の多くが日本に悪印象をもつきっかけとなり、実質的に日本の国益損失につながっていると思われるが、門田がそれらを話題にすることはない。中国の人権問題には熱心だが、足元の国内問題や他の海外のパレスチナ問題、ミャンマー問題などには無関心。これも二重基準の典型例といえる。

◆中国の横暴からチベット・ウイグルの人権を守れと言いながら、足元の在日外国人の人権問題には無関心・・・⑨

10 「韓国のデマ戦法」を積極推進

これまで見てきたさまざまな二重基準には、およそ公正とはみなされない手法が存在する。たとえば自分自身が「ペンをもった活動家」としかみなされない行動を繰り返しながら、論敵の朝日新聞などに「活動家」のレッテルをはって批判を繰り返すといった手法だ。

自身が他国の大統領を熱烈支援する「政治運動」に身を投じていながら、朝日や毎日には「政治運動体の機関紙」といった批判を投げつける。それらの多くが実は自分自身に関わる問題であることを察知し、それを先に言うことで相手の問題にすり替える手法だ。こうした手法を産経新聞（２０２０年８月１日付）では「韓国のデマ戦法」と紹介している。

それによると、韓国には「泥棒と言われたら、お前こそ泥棒だと言い返せ」という処世訓めいた言葉があると主張するが、実はそれは門田らが行っている行動そのものであることを理解しているのだろうか。

敵基地攻撃論においても、これを否定する人間は日本人の命を危険に晒《さら》すという意味で「命の敵」と難癖をつける。外交専門家の多くは、周辺国の警戒心を強め、逆効果になることを指摘する声が多い。逆にいえば、こうした主張を公然と行っている門田自身が、実は日本人にとっての「命の敵」ともいえる存在になっている可能性など、本人はまったくお構いなしである。

◆自分の問題を察知し、それを相手の問題としてすり替える「韓国のデマ戦法」は実際は自分たちの行動そのもの・・・⑩

11　朝日新聞へ謝罪求める資格なし

2020年の暮れも押し迫った12月21日、新聞各紙に掲載された月刊『WiLL』の広告に「朝日は日本国民に訂正・謝罪せよ」の文字が躍った。そこには門田の名前と顔があった。

▼**朝日新聞に謝れと迫る門田**（産経・2020年12月21日）

元朝日新聞記者の植村隆が櫻井よしこを名誉毀損で訴えて敗訴確定したことを受けた主張だったが、裁判の当事者である櫻井自身がそう主張するならまだしも、裁判と直接関係のない門田がなぜそのようなことを述べるのだろうか。彼らの〝身内意識〟は相当に強いものがある。

門田が出演する虎ノ門ニュースや文化人放送局などの右派ネット番組は、似たような主義主張の論客が並ぶだけで、正反対の異論をもつ論客同士で白熱した議論を行うような場ではない。「仲間内《うち》」で固まり、仲間内で自分の聞きたい話を〝消費〟しているにすぎない。要するに、身内で身内を称え合っているだけの姿にも見える。

門田の信頼する識者に石平という中国生ま

れの帰化日本人がいる。2人の対談本では石平は門田のことを「現代のソクラテス」と持ち上げる。虎ノ門ニュースで百田尚樹と同席した門田が、百田から「日本の知性」などとおだてられ、まんざらでもない様子を示したこともある。『疫病2020』の書評が産経新聞に掲載された際は、評者の有本香が「手練《てだ》れの書き手」などと門田を絶賛。百田尚樹と有本香、門田の3人はしばしば行動を共にする〝だんご3兄弟〟のような間柄だ。

過去に多くの捏造記事を作出し、盗用問題を引き起こしながら一度も謝罪したことのない人間が、朝日新聞には自らの顔をさらして公然と謝罪を求める。まるで恥を知らない人間の行動そのものに映る。

本書では、門田隆将こと門脇護こそ、他人に謝罪を求める前に、池田知加恵（盗用の被害者）、舘《たて》一家（盗用・名誉毀損の被害者）、白山信之（名誉毀損の被害者）、太田徹（匿名・名誉毀損の被害者）など多くの被害者らに「きちんと謝罪すべき」と書き遺《のこ》したい。

◆人に謝罪を求めるが、自分は絶対に謝罪しない。究極のご都合主義の二重人格・・・⑪

第7章

山本七平賞受賞作の「大量パクリ疑惑」対照表

疑惑

大量パクリ疑惑が持ち上がった『この命、義に捧ぐ』

▼山本七平賞を報じる月刊誌『Voice』（2011年1月号）

門田隆将の作品『風にそよぐ墓標』では、2015年最高裁判所によって14カ所の記述が〝盗用箇所〟として断罪された。「風にそよぐ墓標」事件以外の著作でも、同様の疑惑が多く指摘されている。その一つが、同人が初期に執筆した歴史ノンフィクションであり、山本七平賞（発行元・PHP研究所）の受賞作品『この命、義に捧ぐ』（集英社、角川文庫）だ。（53ページ参照）

門田隆将グローバルクラブの調べによって、すでに120近いブロックのパクリ疑惑が指摘されている。本書では同クラブの許可を得て、ページ数の関係でそのうちの一部のみを掲載する。

『この命、義に捧ぐ』は、今も角川文庫として販売・流通されている。山本七平賞の発行元であるPHP研究所は、パクリだらけと指摘されるこの作品に賞を贈った責任をどのように考えるのだろうか。

◎門田隆将著『この命、義に捧ぐ』（角川文庫）パクリ疑惑対照表（※ごく一部のみ掲載）

	元資料になったと思われる参考文献	門田隆将『この命、義に捧ぐ』（角川文庫）
1	【根本博将軍回想録（「師と友」１９７２年５月号）】38ページ 私は上司の命令と国際法規によつて行動するが、わが部下及び彊《きょう》民・邦人等の生命は私の身命を賭しても保護する覚悟であるから、軍の指導に信頼し、その指示に従つて行動されるやう切望する」旨放送した。	【門田隆将『この命、義に捧ぐ』】48ページ そして、根本はこう続けた。 「私は上司の命令と国際法規によって行動します。彊民、邦人、およびわが部下等の生命は、私が身命を賭《と》して守り抜く覚悟です。皆さんには軍の指導を信頼し、その指示にしたがって行動されるよう、強く切望するものであります」
2	【根本博将軍回想録（「師と友」１９７２年５月号）】38ページ 特に○一陣地の守備隊に対しては、理由の如何を問はず、陣地に侵入するソ軍は断乎撃滅すべく、これに対する責任は一切司令官が	【門田隆将『この命、義に捧ぐ』】49ページ 根本は、特にソ連軍主力と激突する〝丸一陣地〟の守備隊に対して、こう厳命した。 （中略） 「理由の如何《いかん》を問わず、陣地に侵入するソ連

	3	4
負ふことを重ねて命令した。	【根本博将軍回想録（「師と友」1972年5月号）】36~37ページ このとき偶然、関東軍の西正面を担当してゐる第三方面軍司令官が、その隷下兵団に対して哈爾賓《ハルピン》—大連鉄道の線に総退却の命令を下してゐる無線電波を張家口《ちょうかこう》の司令部で傍受した。	【根本博将軍回想録（「師と友」1972年5月号）】37ページ サア大変だ！ 寝耳に水とはこの事だ！ いま熱河をガラ空きにされたら、支那派遣軍の背後はどうなるのだ！
軍を断乎撃滅すべし。これに対する責任は、司令官たるこの根本が一切を負う」 これまた根本自らの覚悟の命令だった。	【門田隆将『この命、義に捧ぐ』】50~51ページ 駐蒙軍司令部は、この時、関東軍の西正面を担当している第三方面軍司令官が、配下の部隊に対して、「ハルピン—大連《だいれん》鉄道」の線まで総退却の命令を下している無線を傍受したのだ。	【門田隆将『この命、義に捧ぐ』】51ページ それはまさに寝耳に水だった。 （略） 根本をはじめ、幕僚たちは愕然《がくぜん》としたのである。関東軍の西正面、すなわち熱河《ねっか》方面をガラ空きにされたら、支那派遣軍の背後はど

	根本博将軍回想録	門田隆将『この命、義に捧ぐ』
	補給線はどうなるのだ！	うなるのか。補給線は、一体どうなるのだ。
5	【根本博将軍回想録（「師と友」1972年5月号）】37ページ 私は早速熱河方面の関東軍の指揮官に対して、熱河の撤退は暫時待たれたい旨電報すると共に、北京の方面軍司令官及び南京の総司令官に対して、熱河の事態について至急関東軍と交渉されるやうに上申した。	【門田隆将『この命、義に捧ぐ』】51～52ページ そんなことを、関東軍がわからないはずがない。根本は、さっそく熱河方面の関東軍の指揮官に対して、 「熱河の撤退は待たれたい」 という電報を発すると共に、北京の下村定《さだむ》・北支那方面軍司令官、さらに南京の岡村寧次《ねいじ》・支那派遣軍総司令官に対して、熱河の事態について至急、関東軍と交渉されたい旨、要請の緊急電を打った。
6	【根本博将軍回想録（「師と友」1972年5月号）】37ページ しかし私はこれで戦争の前途には見切りをつけた。関東軍が僅《わず》かに二、三日の戦闘で、	【門田隆将『この命、義に捧ぐ』】52ページ だが、根本はこの時、戦争の前途に、見切りをつけた。わずか三日で関東軍が、いきなり〝ハルピン―大連鉄道〟の線まで吹っ飛ば

	7	8
国境からいきなり哈爾賓─大連鉄道の線まで吹き飛ばされるやうでは、モハヤ立ち直ることはできないのだ。	【根本博将軍回想録（「師と友」1972年5月号）】37ページ 指揮官から「敵に与へた損傷は？」と問はれて、「良くは判りませんが、日暮れ頃まで戦線に倒れたまま動かない屍体《したい》らしいものは二百以上はありました」と答へ、斥候が敵の屍体からはづしてきた将校の肩章だという て、ポケットから金線いかめしい肩章を取り出して見せた。	【根本博将軍回想録（「師と友」1972年6月号）】30ページ しかしながらなかなか眠れはしない。冷酒をコップで二杯もあほつてみたが、頭はます
されるようでは、もはや立ち直りは不可能だろう。	【門田隆将『この命、義に捧ぐ』】53ページ 十三日の戦闘では、根本司令官のもとに、「ソ連軍が二百以上の屍体《したい》を残して退却した」という報告が来た。斥候《せっこう》が、敵の将校の金線いかめしい肩章まで剥《は》ぎ取ってきたことも報告された。	【門田隆将『この命、義に捧ぐ』】53ページ なかなか寝つけなかった根本は冷酒をコップで二杯あおった。しかし、頭がますます冴《さ》えてきて、とても眠れない。

	ますハッキリしてきて、とても眠れない。	
9	【根本博将軍回想録（「師と友」1972年6月号）】30ページ 居留民が数年乃至《ないし》十数年の苦労の結晶ともいふべき財産を棄てて、北京や天津に引き上げねばならないとなれば、彼らの財産にたいする執着、ひいては私にたいする怨恨《えんこん》も深いであらう。	【門田隆将『この命、義に捧ぐ』】53ページ 在留邦人たちは私たち軍の命令にどんな思いで従うだろうか。数年、あるいは十数年の苦労の結晶ともいうべき財産を棄《す》てて、北京や天津《てんしん》に引き揚げなければならないとなれば、その苦悩は想像に余りある。財産に対する執着、それを棄てるよう要求する私たちに対する恨みも深いだろう。
10	【根本博将軍回想録（「師と友」1972年6月号）】30ページ また日本の降伏後も頑強にソ軍に抗戦したといふことも、問題にされるであらう。傅作《ふさく》儀《ぎ》は信用のできる男だが、その部下も皆その通りとは思はれない。万一、部下将兵が虐待されるやうなことが起つたらどうするのか？	【門田隆将『この命、義に捧ぐ』】53～54ページ また、日本の降伏後も頑強にソ連軍に抵抗したということも、問題になるに違いない。国府軍の傅作義《ふさくぎ》は信用のできる男だが、その部下も皆その通りとは思われない。万一、わが駐蒙軍の部下将兵が虐待されるような事態

	11	12
	【根本博将軍回想録（「師と友」1972年6月号）】30ページ こんなことが頭の中をぐるぐる走馬燈《そうまとう》のごとく回転して、何一つ割り切れるものはない。夜はほのぼのと明けかけてくる。	【根本博将軍回想録（「師と友」1972年6月号）】32ページ 十七日、ソ軍飛行機は張家口及び○一陣地を空襲して、爆弾を投下すると共にビラを散布した。そのビラには、ワシリエフ元帥の名で「日本がすでに降伏したことは周知のことだ。関東軍もまた日本天皇の命令に服従して
が起こったらどうするのか。	【門田隆将『この命、義に捧ぐ』】53～54ページ さまざまなことが走馬灯《そうまとう》のごとく頭の中をぐるぐるまわっていく。 （略） 次々と懸念や不安が湧き起こって来る。そんなことをあれこれと考えていたら、夜がほのぼのと明けかけてきた。	【門田隆将『この命、義に捧ぐ』】57～58ページ しかし、 「日本はすでに無条件降伏している。関東軍もまた日本天皇の命令に服従して降伏した。だが、張家口方面の日本指揮官だけが天皇の命令に服従せず、戦闘を続けているのは、ま

	降伏したが、張家口方面の日本軍指揮官が天皇の命令に服従しないで戦闘をやつてゐるのは不思議なことだ。直ちに降伏せよ。もし降伏せずに今後なほ戦闘を継続したら、指揮官は戦争犯罪者として死刑に処する。」といふ意味のものだ。	ことに不思議である。直ちに降伏せよ。降伏しないならば、指揮官は戦争犯罪人として死刑に処する」 張家口と丸一陣地に飛来してきたソ連軍飛行機から、爆弾と共に、そんなビラが大量に散布されたのは、八月十七日のことである。ビラにはソ連軍の「ワシレフスキー元帥」の名が記されていた。
13	【根本博将軍回想録（「師と友」１９７２年6月号）】32ページ この空襲後、〇一陣地前に又もやソ軍の軍使がきて、ビラの内容とほぼ同様の申込みをしてきた。	【門田隆将『この命、義に捧ぐ』】58ページ ビラを散布したのち、間髪を容《い》れずにソ連の軍使が丸一陣地前まで来て、ビラと同じ内容の申し込みをしていったことが司令部に報告されてきた。
14	【根本博将軍回想録（「師と友」１９７２年6月号）】32ページ 軍参謀部では、「前方針通りソ軍の武装解	【門田隆将『この命、義に捧ぐ』】58ページ 参謀たちは激論を戦わせた。 「これまでの方針通りソ連軍への武装解除は

15

除は拒否すべきだ」といふ意見と、「傳作儀軍の来着は見込みがないから、ソ軍の武装解除を受けても仕方がない。これ以上の戦闘を継続することは、無意味な犠牲者を出すのみならず、累《るい》は司令官の一身上に及ぶのだから、この辺でソ軍の要求を納れるべきだ」といふ意見とが対立して激論をやつてゐるとのことで、

【根本博将軍回想録（「師と友」1972年6月号）】32ページ

「司令官も顔を出してほしい」と参謀長が言うてきた。そこで私は参謀全員を集めて、次のやうに我が所信を説明した。

【根本博将軍回想録（「師と友」1972年6

拒否すべきである」

「傳作義軍の来着は見込みがない。これ以上の戦闘は、無意味な犠牲者を出すのみならず、累は司令官の身に及ぶ。ここまで来れば、ソ連軍による武装解除を受け入れても仕方がない」

二つの意見が真っ向からぶつかり合い、両者とも一歩も引かなかった。

【門田隆将『この命、義に捧ぐ』】58〜59ページ

もはや、参謀の意見を統一することは無理だった。

「司令官も顔を出していただければ……」

参謀長が根本を呼びに来たのを機に、根本はすべての参謀に集合を命じた。

【門田隆将『この命、義に捧ぐ』】59ページ

16	月号）】33ページ 「私を戦犯にするとか何とか言ふがごときは、児戯《じぎ》に類することである。	根本は口を開いた。 「私を戦犯にすると言うがごときは、児戯《じぎ》に類することである」 根本はそう言った。静かな口調だった。
17	【根本博将軍回想録（「師と友」1972年6月号）】33ページ 私が戦死したらもはや戦犯にしようとしても不可能ではないか。もし諸君のなかに躊躇《ちゅうちょ》する者あらば、私自身〇一陣地に赴き、ソ軍軍使を追ひ返さう。もし不可能ならば、戦車に体当りして死ぬだけのことだ。	【門田隆将『この命、義に捧ぐ』】60ページ 「ソ連は、私を戦犯にするとのことだが、私が戦死したら、もはや戦犯にしようとしても不可能ではないか。もし、諸君の中に（戦闘継続に対して）躊躇する者があらば、私自身が、丸一陣地に赴き、ソ連軍軍使を追い返そう。もし不可能ならば、私自身が戦車に体当たりして死ぬだけのことだ」
18	【根本博将軍回想録（「師と友」1972年6月号）】33ページ 私は今から〇一陣地に出かける」と言うて立ちかけたら、参謀一同総立ちとなり、涙を	【門田隆将『この命、義に捧ぐ』】60〜61ページ ひと呼吸おいて、根本は、 「私は、今から丸一陣地に行く！」

流しながら、 「司令官の決心は良くわかりました。ソ連軍使を拒絶帰還させるのは吾々が直接やりますから、司令官は司令部に留まつていただきます」と言うて、情報主任がこれを引受けて○一陣地に急行した。	そう言うや、席を立ちかけた。 「司令官！」 その瞬間、参謀たちは、総立ちとなった。 「司令官の決心はよくわかりました」 「承知いたしました！」 「ソ連軍軍使を拒絶帰還させるのは我々が直接やります！」 「司令官は、司令部に留《とど》まって頂きます」 （略） 根本司令官の決意を受けて、駐蒙軍司令部の情報主任が丸一陣地に急行したのは、その直後のことである。
【根本博「私は金門防衛日本人司令官だった」（「日本週報」1961年2月20日号）】4ページ	**【門田隆将『この命、義に捧ぐ』】106~107ページ**
小田急線鶴川の寓居に、北京からの突然の	小田急線・鶴川の根本宅に「李鉎源《りしょうげん》」と名乗る台湾人が現れたのは、そんな時であ

19	来客を迎えたのは、桜花爛漫と咲き誇る二十四年四月のある日のことだった。 李某と名乗る客人は、傅作儀《ふさくぎ》（中華民国政府軍司令官）からの依頼だとことわって中国における国民政府軍と共産軍の内戦の模様を説明し、国民政府軍が連敗を続けているのでこれを助けてくれないかと申し入れたのである。一口で云えば軍顧問になってくれというわけだ。	る。桜が爛漫《らんまん》と咲き誇る一九四九（昭和二十四）年四月初めのことだった。 （略） だが、突然現れた李青年は、開口一番、根本に向かってこう言ったのである。 「閣下、私は傅作義将軍の依頼によってまかり越しました」
20	【根本博「私は金門防衛日本人司令官だった」（『日本週報』1961年2月20日号）】4～5ページ 傅作儀は多くの日本軍将星の中から特に私を選んで、難局の打開を頼みこんできたのである。	【門田隆将『この命、義に捧ぐ』】108ページ 「傅作義将軍は、多くの日本人の将軍の中から、特に私を選んで、難局の打開を頼みこんできたのか」 そんな感慨がこみ上げてきたのである。
21	【根本博「私は金門防衛日本人司令官だった」	【門田隆将『この命、義に捧ぐ』】109ページ

	22	
（「日本週報」1961年2月20日号）5ページ 昭和二十四年といえば、日本はまだ連合国の占領下にあった。再び大陸に渡るということは大変な冒険を伴うだろう。しかし、中国が赤化されることは、日本に及ぼす影響も甚大で黙視するに忍びなかった。	【根本博「私は金門防衛日本人司令官だった」（「日本週報」1961年2月20日号）7ページ だがそれも束の間で、十貫以上もあるキハダがかかると糸を切られ、またたく間に三本の糸を使いはたしてしまった。	【根本博「私は金門防衛日本人司令官だった」（「日本週報」1961年2月20日号）7ページ
日本はまだGHQの占領下である。海を渡るということは大変な危険を伴うだろう。しかし、中国が共産化され、台湾がさらにその手に落ちることは、日本に及ぼす影響も大きく、根本は見過ごすことができなかった。	【門田隆将『この命、義に捧ぐ』】136ページ しかし、東シナ海のキハダマグロは、ゆうに十貫（およそ四十キロ）以上はある。根本の頼みの釣り糸がまたたく間に何本も切られてしまった。	【門田隆将『この命、義に捧ぐ』】139ページ 自分の家からバナナを持って帰ってきた。一行は、そのバナナにかぶりついた。

23	台湾人の船員が自分の家へ行って持って来たバナナのうまかったこと。私はこれほどのバナナを食べたことはかつてなかった。	「うまい！」 生き返った気がした。最も年長の根本でさえ、 「私はこれほど美味《おい》しいバナナを食べたことがなかった」 と、のちに回想したほどである。
24	【門脇朝秀編『祖国はるか③』／富田民雄「岳父根本博を語る」】115ページ 幼年時代のカメさん（※根本博）は、妹の「せつ」、「つな」、の子守をさせられ、小学校入学前、妹を背負って、毎日校庭から、授業を見聞きしていたので、普通の人より一年早く入学する事が出来た。	【門田隆将『この命、義に捧ぐ』】84ページ 根本は、幼い頃から頭脳明晰《めいせき》で、妹たちの子守りをしながら小学校の授業を見聞きしていて覚えてしまい、一年早く「入学を許可された」という逸話を持つ。
25	【門脇朝秀編『祖国はるか③』／富田民雄「岳父根本博を語る」】112ページ 祖父為吉は、（中略）カメさんが幼年学校	【門田隆将『この命、義に捧ぐ』】84〜85ページ 孫の合格を聞いて、祖父の為吉は、

	に入学した時には「朝敵でも、お上の護《まも》りをさせるのか」と驚いたそうである。	「朝敵でも、お上の護りをさせるのか」と、呟《つぶや》いたという。
26	**【門脇朝秀編『祖国はるか③』／富田民雄「岳父根本博を語る」】112ページ** カメさんは、特に祖父母に可愛がられて、祖母に抱かれて寝るのが楽しみであったので、幼年学校に入っても、「夏休みに来て抱かれてねるから」と約束して入校したが、それを待たずに祖母は、芍薬《しゃくやく》の花を摘まうとして庭に倒れ、そのまま不帰の人となった。	**【門田隆将『この命、義に捧ぐ』】85ページ** 根本は、この祖父と祖母にかわいがられて育った。いつも祖母に抱かれて寝るのが楽しみで、仙台の陸軍幼年学校に向かう時も、「夏休みになったら、また一緒に寝るから」と、祖母と約束して入校したという。しかし、祖母は孫の帰りを待たず、芍薬の花を摘もうとして庭に倒れ、そのまま不帰の人となった。
27	**【根本博「蔣介石の軍事指南番」（『文藝春秋』1952年夏の増刊涼風読本）】60ページ** 翌日、一同に対《たい》して正式の招待状が届けられ、指定の時間に指定の場所に到着する。湯将軍自ら玄關《げんかん》まで出迎へられて懇切に案内さ	**【門田隆将『この命、義に捧ぐ』】145～146ページ** 翌日、一同に対して正式の招待状が届けられた。 指定の時間に指定の場所に到着すると、湯

	根本博	門田隆将
	れ、茶菓や煙草で雑談を交はして居る間に、將軍部下の將領達を紹介された。	将軍自ら玄関まで出迎えた。茶菓や煙草で雑談をしている間に、根本は将軍の部下である将領たちを紹介された。
28	**【根本博「蒋介石の軍事指南番」（「文藝春秋」1952年夏の増刊涼風読本）】60ページ** 一同皆日本語で談話が出來る爲《た》めか、肩も凝らず、十年の知己に再會《さいかい》した如く打ち解けて、午後十時頃まで乾杯又乾杯と飲み更かした。	**【門田隆将『この命、義に捧ぐ』】146〜148ページ** ほとんどが、談話に不自由がないほど日本語が堪能《たんのう》だった。 （略） 根本たちは、湯とその幕僚たちと十年の知己に再会したごとく、すぐ打ち解けた。 （略） 「乾杯、乾杯」と、中国式の乾杯がつづいた。日本の旧軍人に対して敬意を忘れない宴会は、午後十時が過ぎてもつづいた。
29	**【根本博「蒋介石の軍事指南番」（「文藝春秋」1952年夏の増刊涼風読本）】61ページ**	**【門田隆将『この命、義に捧ぐ』】152ページ** 「昨日、湯将軍から総統閣下に謁見のこと

「昨日湯蔣軍から總統閣下に謁見の事を承りました」

總統は語を轉《てん》じて、

「どうして來たか？」

と問はれるから、

を承りました」

根本が応《こた》えると、蔣介石は頷きながら根本に改めてこう聞いた。

「今回こちらに来られたのは、どういう理由ですか」

30

【根本博「蔣介石の軍事指南番」（「文藝春秋」1952年夏の増刊涼風読本）】61ページ

その指示に依つて、綏靖司令部の一室を借りて臨時の宿所と定めた。劉少將の奔走に依つて七人分の寢具を調達して一夜の夢を結んだが、

【門田隆将『この命、義に捧ぐ』】170ページ

一行はその日、福建綏靖司令部の一室を借りて臨時の宿とした。劉少将が奔走して七人分の寝具を調達し、一行は旅の疲れをとった。

31

【根本博「蔣介石の軍事指南番」（「文藝春秋」1952年夏の増刊涼風読本）】61〜62ページ

二十日には萬副總司令の配慮で、四室の一民家を開放して我等の宿舍と定め、司令部よ

【門田隆将『この命、義に捧ぐ』】170ページ

翌二十日には、四室の一民家を開放して、根本らの宿舍と定めた。司令部より少佐一名と当番兵二名を派遣して食住一切の雑務に当たらせた。これまた萬副総司令の配慮であ

	32	33	34
り少佐一名當番《とうばん》兵二名を派遣して食住一切の雑務に當《あた》らせた。	【根本博「蔣介石の軍事指南番」(「文藝春秋」1952年夏の増刊涼風読本)】62ページ 二十一日には湯恩伯總司令着任し、我等の爲《た》めに軍服を新調することを命じたので、再び劉少將の案内で洋服屋、靴屋等に行き軍服、帽子、靴等を注文した。	【根本博「蔣介石の軍事指南番」(「文藝春秋」1952年夏の増刊涼風読本)】62ページ 九月下旬には大陸の國府軍は殆んど厦門、金門に後退し、中共軍が對岸に姿を現はして來た爲め、厦門港と大陸との交通は遮斷され、香港の英國船も來なくなつた。	【根本博「蔣介石の軍事指南番」(「文藝春秋」
る。	【門田隆将『この命、義に捧ぐ』】170ページ 二十一日には、湯恩伯総司令が着任した。さっそく湯は根本らに軍服を新調することを命じた。彼らを幹部たちに紹介するためである。 根本らは、劉少将の案内で洋服屋、靴屋に行き軍服、帽子、靴などを注文した。	【門田隆将『この命、義に捧ぐ』】186ページ 九月下旬には大陸の国府軍はほとんど厦門、金門に退却してきた。共産軍が対岸に姿を現わし始め、厦門港と大陸との交通はついに遮断された。（略）香港のイギリス船もぱたりと来なくなり、	【門田隆将『この命、義に捧ぐ』】186ページ

35

1952年夏の増刊涼風読本）】62ページ

からなれば中継《ちゅうけい》港たる厦門は全く其の機能を失つたことになるから二十萬人の人口は失業と云ふことになり、

中継港である厦門は、まったくその機能を失った。

根本が湯に進言した通りの事態が生じていた。厦門に住む二十万人は、たちまち〝失業〟した。

【根本博「蔣介石の軍事指南番」（「文藝春秋」1952年夏の増刊涼風読本）】63ページ

敵が現實《げんじつ》に攻撃を始めてゐるのなら慰労會などはやめろと言ふのだが、攻撃して來さうだと云ふ判斷だけでは、折角準備したものを中止させるには根據《こんきょ》が薄弱では無いか、と考へて別に意見は言はなかつた。

【門田隆将『この命、義に捧ぐ』】194～195ページ

敵が現実に攻撃を始めているなら「そんなものはとりやめろ」と言えるが、「攻撃して来そうだ」というだけでは、せっかく準備したものを中止させるのは、たしかに無粋かもしれない。

（略）

だが、これに対して根本は意見を言わず、

【根本博「蔣介石の軍事指南番」（「文藝春秋」1952年夏の増刊涼風読本）】64ページ

【門田隆将『この命、義に捧ぐ』】197ページ

なんということだ。戦意のない劉汝明軍

36	37
何と云ふことだ。戦意の無い劉汝明軍はそれでは中共軍に降伏したのでは無いか。厦門島の防禦はもはや斷念すべき時だ。	斯くして曹福林軍の約三分の二、一六六師の約二分の一を助出して之を小金門島に配備し、劉汝明軍の殘部は武装解除の後、劉汝明と共に臺灣《たいわん》に送り返して厦門の戦闘を終了したのである。 **【根本博「蔣介石の軍事指南番」（「文藝春秋」1952年夏の増刊涼風読本）】64ページ**
は、すでにこの段階で共産軍に事実上〝降伏〟していたのである。根本は厦門島の防御はもはや断念すべき時が来たことを確信した。	かくしてこの日、曹福林軍の約三分の二、一六六師の約二分の一以上が救出できた。救出された部隊は、小金門島に再配備された。 （略） 劉汝明軍の残存部隊は武装解除の後、劉汝明と共に台湾に送り返して厦門の戦闘は終了した。 **【門田隆将『この命、義に捧ぐ』】198～199ページ**

あとがき

まるで玉ねぎを剥《む》くような作業だった。剥いても剥いても中身がないのだ。もっといえば思考の深みに欠けるといえばそれまでだろうか。

もちろん、思想信条の自由が保障された現代において、個人でどのような考えを持つのも自由である。靖国神社を信奉し、過去の戦争を肯定するような人物がいたとしても、それだけで犯罪になるわけではない。日本が天皇をいただく最古の国、すばらしい国であるとの誇りをもつのも本人の自由だ。ただし他国を見下し、自分と異なる考えの人間を公然と「敵」呼ばわりするような言動は、まともな言論人の行動とはみなされない。

本書の主人公は、短絡的な思考を常とし、オレがオレがの自我意識にあふれ、それだけで生きてきた人間である。自分を〝特別の存在〟と錯覚しているばかりに、過去に犯した失敗を謙虚に振り返る姿勢に欠け、自らの筆で貶《おとし》めた罪のない被害者らに謝罪する心情も持ち合わせていない。こんな文字通りの「モンスター」が、40年近くもこの国で仕事を続けてこられたのは、「怪物」の存続を許す土壌がこの社会にあったからにほかならない。

これほどの〝デマ屋〟が大手を振って歩いてこられたのが、日本社会の現実の姿である。

売ればいい。確かにメディアも商売の一形態であるがゆえに、収益は不可欠の要素だろう。だが他人に物事を伝える仕事である以上、ほかの職業とは異なる倫理観・道徳観が要請されることも言うまでもない。

業界における見事なまでの「反面教師」の姿が、本書で浮き彫りになったことにあらためて驚いている。

2021年3月16日

柳原 滋雄

主要参考文献

《「風にそよぐ墓標」盗用事件関連》

『雪解けの尾根　JAL123便の墜落事故』（第3刷）池田知加恵　ほおずき書籍　2008年

『茜雲・総集編　日航機御巣鷹山墜落事故遺族の20年』8・12連絡会編　本の泉社　2005年

『FOCUS』新潮社　1990年10月26日号〜11月30日号

《その他のパクリ疑惑・関連資料》

『祖国はるか②』門脇朝秀編　あけぼの会　1984年

『祖国はるか③』門脇朝秀編　あけぼの会　1986年

『昭和20年8月20日　内蒙古・邦人四万奇跡の脱出』稲垣武　PHP研究所　1981年

『文藝春秋・夏の増刊　涼風読本』文藝春秋新社　1952年

『師と友』全国師友協会　1972年5月号〜9月号

『佐野眞一が殺したジャーナリズム』溝口敦・荒井香織編著　宝島社　2013年

《デマ報道関連》

『冤罪報道「言論の暴力」と闘った一市民の記録』佐倉敏明　第三文明社　1998年

『民主主義汚染　東村山市議転落と日本の暗黒』宇留嶋瑞郎　ユニコン企画　1998年

『ガセネタ屋　乙骨正生の正体』佐倉敏明　鳳書院　2002年

『刑事たちの挽歌　警視庁捜査一課「ルーシー事件」ファイル』高尾昌司　財界展望新社　2010年

『黒い迷宮　ルーシー・ブラックマン事件15年目の真実』リチャード・ロイド・パリー　早川書房　2015年

『狂言訴訟』坂口義弘　ユニコン企画　1997年
『誑し屋　山崎正友の虚言商法』佐倉敏明　第三文明社　1998年
『言論のテロリズム　週刊新潮「捏造報道事件」の顛末』山本栄一　鳳書院　2001年
『判決　訴権の濫用　断罪された狂言訴訟』倉田卓次・宮原守男・倉科直文・佐藤博史　日本評論社　2002年
『言論のテロリズムⅡ　「捏造雑誌」週刊新潮を解剖する（増補改訂版）』山本栄一　鳳書院　2003年
『捏造と盗作　米ジャーナリズムに何を学ぶか』高濱賛　潮出版社　2004年

《「週刊新潮」関連》
『「週刊新潮」の内幕　元編集部次長の証言』亀井淳　第三文明社　1983年
『反人権雑誌の読み方　体験的「週刊新潮」批判』亀井淳　第三文明社　1996年
『編集者　齋藤十一』齋藤美和編　冬花社　2006年
『鬼才　伝説の編集人　齋藤十一』森功　幻冬舎　2021年

《福島第一原発「吉田調書」報道関連》
『メルトダウン　ドキュメント福島第一原発事故』大鹿靖明　講談社　2012年
『検証 福島原発事故 官邸の一〇〇時間』木村英昭　岩波書店　2012年
『カウントダウン・メルトダウン（上・下）』船橋洋一　文藝春秋　2013年
『メルトダウン　連鎖の真相』NHKスペシャル『メルトダウン』取材班　講談社　2013年
『福島第一原発事故　7つの謎』NHKスペシャル取材班　講談社現代新書　2015年
『全電源喪失の記憶　証言・福島第1原発　1000日の真実』共同通信社　祥伝社　2015年
『いいがかり　原発「吉田調書」記事取り消し事件と朝日新聞の迷走』同編集委員会編　七つ森書館　2015年

『朝日新聞「吉田調書報道」は誤報ではない　隠された原発情報との闘い』海渡雄一・河合弘之＋原発事故情報公開原告団・弁護団　彩流社　2015年
『誤報じゃないのになぜ取り消したの？　原発「吉田調書」報道をめぐる朝日新聞の矛盾』原発「吉田調書」報道を考える読者の会と仲間たち　彩流社ブックレット　2016年
『孤塁　双葉郡消防士たちの3・11』吉田千亜　岩波書店　2020年
『誰が命を救うのか　原発事故と闘った医師たちの記録』鍋島塑峰　論創社　2020年
『吠えない犬　安倍政権7年8カ月とメディア・コントロール』マーティン・ファクラー　双葉社　2020年
『東電原発事故　10年で明らかになったこと』添田孝史　平凡社新書　2021年
『フクシマ戦記（上・下）』船橋洋一　文藝春秋　2021年
『原発事故10年目の真実　始動した再エネ水素社会』菅直人　幻冬舎　2021年
『福島第一原発事故の「真実」』NHKメルトダウン取材班　講談社　2021年

《歴史認識関連》

『日本国紀』百田尚樹　幻冬舎　2018年
『トリック　「朝鮮人虐殺」をなかったことにしたい人たち』加藤直樹　ころから　2019年
『百田尚樹「日本国紀」の真実』別冊宝島編集部　宝島社　2019年

《門田隆将著作関連》

『裁判官が日本を滅ぼす』新潮社　2003年
『甲子園への遺言　伝説の打撃コーチ　高畠導宏の生涯』講談社　2005年
『ハンカチ王子と老エース　奇跡を生んだ早実野球部一〇〇年物語』講談社　2006年

『なぜ君は絶望と闘えたのか　本村洋の３３００日』新潮社　２００８年
『神宮の奇跡』講談社　２００８年
『激突！裁判員制度　裁判員制度は司法を滅ぼすＶＳ官僚裁判官が日本を滅ぼす』ワック　２００９年　※対談（井上薫）
『康子十九歳　戦渦の日記』文藝春秋　２００９年
『この命、義に捧ぐ　台湾を救った陸軍中将根本博の奇跡』集英社　２０１０年
『あの一瞬　アスリートはなぜ「奇跡」を起こすのか』新潮社　２０１０年
『風にそよぐ墓標　父と息子の日航機墜落事故』集英社　２０１０年
『蒼海に消ゆ　祖国アメリカへ特攻した海軍少尉「松藤大治」の生涯』集英社　２０１１年
『太平洋戦争　最後の証言　第一部　零戦・特攻編』小学館　２０１１年
『太平洋戦争　最後の証言　第二部　陸軍玉砕編』小学館　２０１１年
『太平洋戦争　最後の証言　第三部　大和沈没編』小学館　２０１２年
『尾根のかなたに　父と息子の日航機墜落事故』小学館文庫　２０１２年
『死の淵を見た男　吉田昌郎と福島第一原発の五〇〇日』ＰＨＰ研究所　２０１２年
『新版　裁判官が日本を滅ぼす』ワック　２０１３年
『狼の牙を折れ　史上最大の爆破テロに挑んだ警視庁公安部』小学館　２０１３年
『記者たちは海に向かった　津波と放射能と福島民友新聞』角川書店　２０１４年
『慟哭の海峡』角川書店　２０１４年
『「吉田調書」を読み解く　朝日誤報事件と現場の真実』ＰＨＰ研究所　２０１４年
『原発事故に立ち向かった吉田昌郎と福島フィフティ』ＰＨＰ研究所　２０１５年
『日本、遥かなり　エルトゥールルの「奇跡」と邦人救出の「迷走」』ＰＨＰ研究所　２０１５年

『リーダーの本義』日経ＢＰ社　２０１６年
『汝、ふたつの故国に殉ず　台湾で「英雄」となったある日本人の物語』角川書店　２０１６年
『世界が地獄を見る時　日・米・台の連携で中華帝国を撃て』ビジネス社　２０１７年　※対談（石平）
『奇跡の歌　戦争と望郷とペギー葉山』小学館　２０１７年
『「週刊文春」と「週刊新潮」闘うメディアの全内幕』ＰＨＰ新書　２０１８年　※対談（花田紀凱）
『敗れても敗れても　東大野球部「百年」の奮戦』中央公論新社　２０１８年
『ヒョウのハチ』小学館　２０１８年
『日本を覆うドリーマーたちの「自己陶酔」』ワック　２０１８年　※対談（高橋洋一）
『オウム死刑囚 魂の遍歴　井上嘉浩　すべての罪はわが身にあり』ＰＨＰ研究所　２０１８年
『新聞という病』産経新聞出版　２０１９年
『疫病２０２０』産経新聞出版　２０２０年
『愛する日本人へ　日本と台湾の梯となった巨人の遺言』宝島社　２０２０年　※監修
『米中〝文明の衝突〟　崖っ淵に立つ日本の決断』ＰＨＰ研究所　２０２０年　※対談（古森義久）
『中国の電撃侵略２０２１―２０２４』産経新聞出版　２０２１年　※対談（石平）
月刊『正論』『ＷｉＬＬ』『Ｈａｎａｄａ』などの掲載記事、『産経新聞』ほか

柳原滋雄（やなぎはら・しげお）
1965年福岡県生まれ、佐賀県出身。早稲田大学卒業、編集プロダクション勤務、『社会新報』記者をへてフリーのジャーナリスト。政治・社会分野を主な取材対象とする。著書に『カンボジアPKO体験記』『ガラパゴス政党　日本共産党の100年』『沖縄空手への旅　琉球発祥の伝統武術』など。嫌いなものはデマ。

疑惑の作家　「門田隆将」と門脇護

2021年4月25日　初版第1刷印刷
2021年4月30日　初版第1刷発行

著　者　柳原滋雄
発行者　森下紀夫
発行所　論 創 社
東京都千代田区神田神保町 2-23　北井ビル
tel. 03（3264）5254　fax. 03（3264）5232　web. http://www.ronso.co.jp/
振替口座　00160-1-155266
装幀／宗利淳一
印刷・製本／精文堂印刷　組版／フレックスアート
ISBN978-4-8460-2041-5　